Bjørnstjerne Bjørnson

Gedichte

CLASSIC PAGES

Bjørnson, Bjørnstjerne

Gedichte

Reihe: *classic pages*

ISBN: 978-3-86741-436-4

Auflage: 1
Erscheinungsjahr: 2010
Erscheinungsort: Bremen, Deutschland

© Europäischer Hochschulverlag GmbH & Co KG, Fahrenheitstr. 1, 28359 Bremen (www.eh-verlag.de). Alle Rechte beim Verlag und bei den jeweiligen Lizenzgebern.

Cover: Foto © Claudia Huldi/Pixelio

Bjørnstjerne Bjørnson

Gedichte

Inhaltsverzeichnis

Ein Lied für Norwegen	9
Norwegens Antwort	13
Johan Ludvig Heiberg	15
Das Meer	17
Allein und in Reue	20
Die Prinzessin	21
Vom Monte Pincio	22
Ach, Wüsstest Du nur!	24
Die Engel des Schlafes	25
Das Mädchen am Strand	26
Heimliche Liebe	27
Olav Trygvason	28
Seufzer	29
An ein Patenkind	30
Bergliot	31
An meine Frau	36
In einer schweren Stunde	37
Frida †	38
An Bergen	39
P. A. Munch †	40
König Friedrich der Siebente †	47
Als Norwegen nicht helfen wollte	49
An den Danebrog	51
Der Norrönastamm	52
Gesang der Puritaner	54
Jagdlied	55
Taylors Lied	56
Hochzeitslied	57
Lektor Thåsen †	58
Auf einer Reise durch Schweden	60
Stelldichein	62
Lied des Studentengesangvereins	63

An den Buchhändler Johan Dahl	65
Die Spinnerin	67
Die weiße und die rote Rose	68
In der Jugend	69
Das blonde Mädchen	70
Mein Monat	71
Hochzeitslied	72
Norwegisches Seemannslied	74
Halfdan Kjerulf †	76
Vorwärts	77
Wie man sich fand	78
Norwegische Natur	79
Ich reiste vorüber	82
Mein Geleit	83
An meinen Vater	85
An Erika Lie	87
An Johan Sverdrup	88
Das Kind in unsrer Seele	92
Der Alte Heltberg	94
Für die Verwundeten	98
Land in Sicht	99
An H. C. Andersen	100
Bei einer Ehefrau Tode	101
An der Bahre des Kirchensängers A. Reitan	102
Das Lied	104
Auf N. F. S. Grundtvigs Tod	105
Aus der Kantate für N. F. S. Grundtvig	106
Bei einem Fest für Ludv. Kr. Daa	107
Nein, wo bleibst du doch?	109
Weckruf an das Freiheitsvolk im Norden	111
Offne Wasser	112
Freiheitslied	113
An Molde	114
Die reine Norwegische Flagge	115
An den Missionar Skrefsrud in Santalistan	119
Post Festum	120

Romsdalen	121
Holger Drachmann	125
Wiedersehen †	127
Des Dichters Sendung	128
Psalmen	130
Frage und Antwort	134
Wecklied an die norwegische Schützengilde	135
Arbeitermarsch	136
Der Zukunft Land	137
Ein junges Völkchen kerngesund	138
Norge, Norge	139
Meistern oder gemeistert werden	140
Im Walde	141
Der siebzehnte Mai	142
Frederik Hegel	143
Unsere Sprache	144
Nils Finn	145
Lied der Jungfrau	147
Die Taube	148
Vaterlandsweise	149

Ein Lied für Norwegen

Text der norwegischen Nationalhymne (1859)
Frei übersetzt von Christian Morgenstern

1.
Ja, vi elsker dette landet,
som det stiger frem,
furet, værbitt over vannet,
med de tusen hjem.
Elsker, elsker det og tenker
På vår far og mor
Og den saganatt som senker
senker drømme på vår jord.

Ja, wir lieben diese Feste,
Wie sie, flutbedräut,
Ihrer Berge Stamm und Äste
Wind und Wolken beut.
Lieben ihre tausend Hütten,
Ihres Meeres Zorn,
Und, den kein Meer kann verschütten,
Ihrer Saga Born.

2.
Dette landet Harald berget
med sin kjemperad,
dette landet Håkon verget
medens Øyvind kvad;
Olav på det landet malte
korset med sitt blod,
fra dets høye Sverre talte
Roma midt imot.

Harald hat ihr Volk verflochten,
Dass kein Feind sie zwang,
Håkon hat für sie gefochten,
Während Öjvind sang.
Olav malt' auf ihre harte
Stirn ein Kreuz von Blut,
Sverre brach von ihrer Warte
Romas Übermut.

3.
Bønder sine økser brynte
hvor en hær dro frem,
Tordenskiold langs kysten lynte,
så den lystes hjem.
Kvinner selv stod opp og strede
som de vare menn;
andre kunne bare grede,
men det kom igjen!

Bauern ihre Äxte schliffen,
Wo ein Feind sich wies;
Tordenskjold mit seinen Schiffen
Ihn wie Spreu zerblies.
Weiber sah man kühn sich einen
Mit der Männer Hauf;
Andre konnten nichts als weinen;
Doch die Saat ging auf!

4.
Visstnok var vi ikke mange,
men vi strakk dog til,
da vi prøvdes noen gange,
og det stod på spill;
ti vi heller landet brente
enn det kom til fall;
husker bare hva som hendte
ned på Fredrikshald!

Waren unser auch nicht viele,
Waren doch genug,
Als das Land stand auf dem Spiele,
Da die Stunde schlug.
Lieber mocht's in Flammen stehen,
Eh' es kam zu Fall;
Denkt nur dessen, was geschehen
Einst in Fredrikshall!

5.
Hårde tider har vi døyet,
ble til sist forstøtt;
men i verste nød blåøyet
frihet ble oss født.
Det gav faderkraft å bære
hungersnød og krig,
det gav døden selv sin ære –
og det gav forlik.

Tragen galt es Not und Plage,
Gott verstieß uns ganz;
Doch in schlimmster Drangsal Tage
Glomm der Freiheit Glanz.
Das gab Kraft für alles Schwere,
Hunger, Krieg und Pest,
Gab dem Tod selbst seine Ehre –
Und dem Zwist den Rest.

6.
Fienden sitt våpen kastet,
opp visiret for,
vi med undren mot ham hastet,
ti han var vår bror.
Drevne frem på stand av skammen
gikk vi søderpå;
nu vi står tre brødre sammen,
og skal sådan stå!

Unser Feind zerbrach den Degen,
Auf fuhr das Visier:
Brüder flogen sich entgegen;
Denn das waren wir!
Schamrot eilten wir hernieder
Übern Öresund:
Und da schlossen wir, *drei Brüder*,
Einen ewigen Bund.

7.
Norske mann i hus og hytte,
takk din store Gud!
Landet ville han beskytte,
skjønt det mørkt så ut.
Alt hva fedrene har kjempet,
mødrene har grett,
har den Herre stille lempet
så vi vant vår rett.

Volk Norwegens, deinem Gotte
Dank' in Hütt' und Haus!
Ließ dich werden nicht zum Spotte,
Sah's auch düster aus.
Müttersorgen, Väterstreiten,
Durch Geschlechter hin,
Wusst' Er still zum Ziel zu leiten:
Unsres Rechts Gewinn.

8.
Ja, vi elsker dette landet,
som det stiger frem,
furet, værbitt over vannet,
med de tusen hjem.
Og som fedres kamp har hevet
det av nød til seir,
også vi, når det blir krevet,
for dets fred slår leir.

Ja, wir lieben diese Feste,
Wie sie, flutbedräut,
Ihrer Berge Stamm und Äste
Wind und Wolken beut.
Und wie Väterkampf beschieden,
Freiheit ihr und Macht,
Ziehn auch wir für ihren Frieden,
Wenn es gilt, auf Wacht.

Norwegens Antwort

(auf die Reden im schwedischen Ritterhaus 1860)

Hörst, jung Norge, du mit Schweigen,
Was der Schwede sagt?
Siehst du's aus der Tiefe steigen,
Wo der Grenzfels ragt?
Schatten sind's gefallner Ahnen,
Die da winken, die da mahnen,
Wenn der Hohn den Streit entfacht,
Die da fordern treue Wacht.

Hör' den Schweden, hör' ihn grollen:
Norges Flaggenrot,
Das aus Wunden reich gequollen
Einst bei Magnus' Tod;
Das ob Haldens Zinnen schwebte,
Adlers Kraft zum Sieg belebte, –
Durch dies Rot im Flaggenfeld
Sei sein Blau und Gelb entstellt.

Hör' den Schweden: nichtig seien
Norges Ruhm und Glanz;
Ehre sollten wir entleihen
Seinem Strahlenkranz.
Ruhmlos, eignen Herd zu schützen!
Ziehn wir denn hinab nach Lützen,
Schleppen auch im Wanderschritt
Urahns alten Armstuhl mit.

Lasst ihn stehn. Der »dürftige Krempel«
Wird von uns verehrt;
Seines Alters würdiger Stempel
Macht ihn doppelt wert.
Drinnen saß durch lange Zeiten
Mancher, groß in Rat und Streiten, –
Sverre und sein Heldenschlag, –
Der wohl hier noch spuken mag.

Hört den Schweden: nur *sein* Ringen
Hätte uns befreit,
Beißen könnten Schwedenklingen
Noch in heutiger Zeit!
Dünkt uns das wohl sehr gefährlich?
Vorsicht raten wir ihm ehrlich;
Will er sprengen unser Tor,
Fallen einige zuvor.

Hört doch nur: wir waren Knaben,
Ihm gehorsam-still
Mit der Schleppe nachzutraben
Stets, wohin er will.
Hei, was sagten wohl dem Kecken
Christie und die alten Recken,
Stünden die, das Schwert gewetzt,
Noch beim Werk auf Ejdsvold jetzt?

Groß war Schweden oft im Prahlen,
Wir, wir waren klein;
Galt's mit Eisen zu bezahlen –
Nun, wir hieben drein.
Wessel und Norwegens Knaben,
In dem Kutter nur, die haben
Schwedens Flaggschiff unverzagt
Übers Kattegatt gejagt.

Lasst den Schwedenadel schwingen
Karls des Zwölften Hut!
Mit ihm raten, mit ihm ringen
Wir, ihm gleich an Mut.
 Will er Streit vom Zaune brechen,
 Wird ein Torgny für uns sprechen – :
 Einst dann überm Norden loht
 Unsrer Flagge Freiheitsrot.

Johan Ludvig Heiberg

(1860)

Nun geleiten sie zum Grabe
Ihn, den alten, muntren Gärtner;
Nun gehn Kinder mit der Gabe,
Die sein eigen Beet ihm zog.

Nun steht jener Garten offen,
Drin er unterm Baum gesessen;
Nun sucht unser Blick betroffen,
Ob er dort nicht fürder sitzt.

Leer der Platz. Im schwarzen Kleide
Wandelt eine Frau jetzt einsam
Dort umher in stillem Leide,
Wo sein helles Lachen klang.

Die als Kind erstaunt, voll Sehnen
Durch das Gitter draußen blickte,
Dankt mit großen, schweren Tränen
Nun, dass ihr der Einlass ward:

Märchen-, Saga-, Geistesflammen
Rauschten um ihn her im Laube;
Leise schwebt sie, sucht zusammen
Jeden Funken für ihr Weh.

Einstmals drang er fern zur Weite,
Dieser alte Herr, der muntre;
Wer gelauscht an seiner Seite,
Hat so manches wohl gelernt.

Denn ihn führten Leben, Schriften
Auf zu dem, was wenige schauen;
Kaum ein Platz in Geistestriften,
Der nicht seine Spuren weist.

Schutz war er in Mannesjahren
Allem Großen, allem Schönen,
Und den stillen Sternenscharen
Folgt' er dann im Gang zu Gott.

Denkt ihr noch, die alt nun worden,
Wie die »Neujahrs«-Glocken dröhnten?
Wie sie Kämpfer rings im Norden
Sammelten der großen Zeit?

Denkt ihr noch an ihn, der sprengte
Frisch voraus mit hellem Hornruf
Und das Niedre abseits drängte,
Dass dem Großen frei die Bahn?

Kinder, Faunen als Begleiter, –
Lachen, Geistesspiel und Tränen, –
Hinter ihm der Freiheit Scheiter,
Langsam aus sich selbst entflammt.

Worten kam der Ruhe Segen,
Tönen kam der Herzensfrieden;
Mächtig fuhr es allerwegen
Durch das Land wie Ahnungschor.

Schutz war er in Mannesjahren
Allem Großen, allem Schönen,
Und den stillen Sternenscharen
Folgt' er dann im Gang zu Gott,

Oder ging in Nordens Garten,
Wie ein alter, muntrer Gärtner,
Saat der Ewigkeit zu warten,
Die des Volkes Lenz ihm gab.

Bald voll Ernst und bald voll Laune,
Pflanzte er und rückte höher, –
Saß dann abends, wo die braune
Buche gab der Seele Licht.

Nun steht jener Garten offen,
Drin er unterm Baum gesessen,
Nun sucht unser Blick betroffen,
Ob er dort nicht fürder sitzt.

Das Meer

(Aus »Arnljot Gelline«)

Meerwärts verlangt es mich, ja zum Meere,
Das fern dort ruhsam rollet in Hoheit.
Nebelgebirge, lastende, tragend,
Wandert es ewig sich selbst entgegen.
Lind senkt sich der Himmel, hell ruft die Küste,
Es kann nicht weilen, es kann nicht weichen.
Klagend wälzet es seine Sehnsucht
In Sommernächten, in Winterstürmen.

Zum Meere verlangt mich, ja zum Meere,
Das fern dort erhebet die kalte Stirne.
Siehe, die Welt wirft darauf ihren Schatten
Und spiegelt flüsternd hinab ihren Jammer.
Aber warm und lichtsanft streichelt's die Sonne
Und spricht ihm munter von Lebensfreuden.
Eisig, schwermütig-ruhig doch immer
Versenkt es den Trost und versenkt es die Trauer.

Der Vollmond saugt – , der Sturm reißt es an sich,
Doch kein Griff packt, und die Wasser strömen.
Hinabwirbelt Tiefland, Berge hinschmelzen:
Zeitlos bespült es der Ewigkeit Ufer.
Was es erfasst, geht mit ihm die Wege;
Was einmal sinket, das steiget nimmer.

Kein Bote naht, kein Schrei wird vernommen,
Und der Wogen Sprache kann niemand deuten.
Zum Meer hinaus, weit hinaus zum Meere,
Das Versöhnung nicht kennt eines Wellenschlags Dauer!

Allem, was seufzet, ist es Erlöser,
Doch weiter schleppt es das eigne Rätsel.
Fühl' seinen seltsamen Pakt mit dem Tode:
Ihm alles zu geben – sich selbst nur nimmer.

Mich führt, o Meer, deine große Schwermut
Und streift zu Boden die matten Pläne
Und lässt entfliegen die bangen Wünsche:
Dein kalter Atem kühle die Brust mir!
Und der Tod mag folgen, auf Beute lauern:
Wir würfeln ums Leben noch ein Weilchen!
Noch reiß' ich Stunden weg deiner Raublust,
Unterm Drohblick des Zornes die Flut durchschneidend,
Du sollst nur bauschig füllen mein Segel
Mit deinen sausenden Todesorkanen,
Nur eilender trage der Woge Rasen
Mein kleines Fahrzeug zu stillen Wassern.
Ob einsam und düster auch am Steuer,
Verlassen von allen, gestundet vom Tode,
Wenn fremde Segel von ferne winken
Und andere nächtens vorbei mir streichen:
Den Unterton zu belauschen der Strömung
– Des Meeres Seufzer, wenn Atem es holet –
Und der Welle Kleingang gen das Gebälke
– Des Meeres Zeitvertreib in der Schwermut.
Da spülen die Wünsche langsam hinüber
In der Allnatur meerestiefe Schmerzen,
Und der Nacht und des Wassers rauer Anhauch
Rüstet fürs Reich des Todes die Seele.

Dann kommt der Tag! Und in weiten Bogen
Aufspringt der Mut zum Lichte, zur Wölbung
Das Schifflein schnauft und legt seine Seite
Mit Wollust hinab in die kalten Wogen,
Und der Bursch erklettert den Mast mit Singen,
Das Segel zu richten, auf dass es schwelle,
Und die Gedanken, wie müde Vögel,
Doch ruhlosen Fluges, umschwärmen die Raaen...

Ja, ja, zum Meere! Dahin zog Vikar!
Gleich ihm zu segeln, gleich ihm zu sinken
Im Vordersteven für König Olav!
Mit dem Kiel zerteilen das kalte Bedenken,
Doch Hoffnung haschen vom leisesten Lüftchen.
Mit des Todes Finger hinten am Steuer,
Mit des Himmels Klarheit vorn über den Bahnen!

Und dann einmal, in der letzten Stunde,
Zu fühlen, die Nägel lösen sich langsam,
Und es drückt der Tod auf das Plankengefüge,
Dass vom Kiel die erlösende Flut heraufschwillt!
Dann hingestreckt in den feuchten Segeln
Und still hinüber ins ewige Schweigen. –
In großen, mondscheinklaren Nächten
Strandwärts roll' meinen Namen die Woge!

Allein und in Reue

(An einen abgeschiedenen Freund)

Ich hab' einen Freund, im Grauen der Nacht
Hör' ich oft seinen Gruß: Gott mit dir!
Wenn die Lichter sterben, mein Sinn nur wacht,
Dann tritt er am liebsten zu mir.

Er hat kein Wort, das mich kränken will,
Denn er selbst kennt Sünde und Leid.
Er heilt mit Blicken und wartet still,
Bis ich ausgekämpft meinen Streit.

Und schafft mir Kummer, was ich getan,
So bekennt er sich selbst dazu.
Er fasst meinen Glauben so handweich an,
Und bringt den Schmerz zur Ruh.

Stieg jubelnd die Hoffnung – er folgte ihr,
Und verzagte nicht, wenn sie sank.
Jetzt wieder – mild steht er neben mir – :
Mein Aufschwung werde sein Dank!

Die Prinzessin

Prinzesschen saß hoch in der Jungfernbastei,
Ein Bürschlein ging unten und blies die Schalmei.
»Du Kleiner, was bläst du am Abend? – sei still!
Das hält meine Seele, die fortfliegen will
Mit der Sonne dort.«

Prinzesschen saß hoch in der Jungfernbastei,
Das Bürschlein blies länger nicht auf der Schalmei.
»Du Kleiner, so blase, was schweigst du denn still?
Das trägt meine Seele, die fortfliegen will
Mit der Sonne dort.«

Prinzesschen saß hoch in der Jungfernbastei,
Das Bürschlein nun wiederum blies die Schalmei.
Sie weint in den Abend und seufzet vor Qual:
»O sagt doch, was fehlt mir? – Mit einem Mal
Ist die Sonne fort.«

Vom Monte Pincio

Der Abend bricht an, die Sonne steht rot,
Von Strahlen entlodert der Himmelsbogen;
Lichtsehnender Glanz in unendlichen Wogen
Verklärt das Gebirg' wie ein Antlitz im Tod.
Es flammen die Kuppeln; doch mehr im weiten
Die Nebel, die schwarzblaue Felder umbreiten,
Ruhn drüber gleichwie das Vergessen zuvor:
Dies Tal deckt tausendjähriger Flor.
   Abend so rot und warm,
   Lärmenden Volkes Schwarm,
   Glutende Hornmusik,
   Blumen und Feuerblick! –
Rings stehen in stummen Marmor gebannte
Heroen der Vorzeit, kaum gekannte.

Wie Opferdampf in errötender Luft
Hat Vespergeläut' die Schwingen entfaltet;
Die heilige Dämmrung der Kirchen waltet,
Gebete zittern in Wort und in Duft.
Hell glühn die Sabiner, die lichtumflirrten,
Es blitzt die Campagna von Feuern der Hirten,
Und Romas Lichter, sie glitzern sacht
Wie Sagen durch der Geschichte Nacht.
   In den Dämmerschein
   Steigen Raketen hinein; –
   Fröhlicher Menschen viel
   Lachen beim Morraspiel,
Und jeder Gedanke versucht in Tönen
Und Farben sich mit dem All zu versöhnen.

Das Licht unterlag in lautlosem Kampf;
Es wölbt sich der Himmel in stahlblauem Dunkel,
Entlockt seinen Tiefen der Sterne Gefunkel,
Die Erde versinkt in Nebel und Dampf.
Nun wendet sich stadtwärts der Augen Flug:
Dort naht mit Fackeln ein Leichenzug;
Er sucht die Nacht; doch der Lichtglanz mag
Ihm Hoffnungen zuwehn vom ewigen Tag.

    Zechen und Mönchsgesang,
    Tanz, Mandolinenklang
    Werden betäubt zugleich
    Kräftig vom Zapfenstreich; –
Durch pochender Träume lebendiges Schwanken
Mitschimmert das Taglicht im Gedanken.

Still wird es; der Himmel, noch dunkeler blau,
Lässt unter seinen unendlichen Räumen
Sowohl von Vergangnem wie Künftigem träumen –
Unsicheres Blinken im brütenden Grau.
Doch geben wird Roma das Flammenzeichen,
Weit sichtbar rings in Italiens Reichen:
Mit Glockengeläut' und Kanonengedröhn
Aufschwebt die Erinnrung zu neuen Höhn! –
    Köstlich tut Sängermund
    Hoffnung und Glauben kund,
    Bringt einem jungen Paar
    Ständchen zur Laute dar.
Die stärkere Sehnsucht ruht süß im Hafen; –
Die mindere lächelt und will nicht schlafen.

Ach, wüsstest Du nur!

Ich darf dich zu sprechen mich nimmer getraun,
Du wagst nicht, zu mir herunterzuschaun;
Doch seh' ich dich immer am Fenster stehen,
Muss immer dort auf und nieder gehen.
Dann schleicht mein Denken auf heimlicher Flur
Und wagt nicht zu folgen der eigenen Spur!
    Ach, wüsstest du nur!

Als festgewurzelt ich Wache hier stand,
Hast oft du spröde dich abgewandt;
Doch seit ich seltner den Weg genommen,
Nun dünkt mich, du wartest auf mein Kommen.
Zwei Augen, sie flechten die Angelschnur;
Weh dem, der ihren Zauber erfuhr!
    Ach, wüsstest du nur!

Ja, wenn du ahntest, du Engelsgesicht,
Dass ich hier unten ersann ein Gedicht,
Das just auf Flügeln wollte gelangen
Dorthin, wo du stehst in lieblichem Prangen!
Doch hörst du ihn nie, den verstohlenen Schwur.
Leb' wohl; dir lächle des Glückes Azur!
    Ach, wüsstest du nur!

Die Engel des Schlafes

    Als rosig das Kind
    In Schlummer fiel,
    Nahten ihm Engel
    Mit Lachen und Spiel.
Und die Mutter stand vor ihm, als es erwachte:
»Wie schön mein Kleines im Schlafe lachte!«.

Zu Gott ging sie bald,
    Weg gab man das Kind;
    Einschlief's in der Fremde,
    Vom Weinen schier blind;
Doch Kosen und Mutterwort hellten die Räume:
Denn die Engel lachten ihm kindliche Träume.

    Heran wächst das Kind,
    Die Träne erstarrt;
    Einschläft's mit Gedanken;
    Die lasten so hart!
Doch nicht weichen die Engel, sie scheuchen die Sorgen:
»Schlafe! Im Frieden des Schlafs geborgen!«

Das Mädchen am Strand

Sie ging am Strande so jung dahin,
Sie dachte an nichts in ihrem Sinn.
Da kam ein Maler geschritten heran,
   Der im Schatten sodann,
   In des Meeres Bann,
Den Strand und sie zu malen begann.

Langsamer im Kreise ging sie dahin;
Ein einziger Gedanke, der lag ihr im Sinn:
Sie dacht' an das Bild auf der Leinewand,
   Wo sie selber stand,
   Sie selber am Strand,
Und im Meer mit dem Himmel gespiegelt sich fand.

Es trieb, es zog ein Traum sie dahin;
Sie dachte an vieles in ihrem Sinn:
Weit, weit übers Meer und doch so nah
   Zum Strand, den sie sah,
   Zum Mann allda –
Ei, was für ein sonniges Wunder geschah!

Heimliche Liebe

Er saß im Winkel allein;
Sie schwang sich lustig im Reihn.
Sie scherzte, sie lachte
Mit einem, mit zwein ...
O, dass sie ihm das tun musste!
Doch niemand war, der davon wusste.

Sie hofft' auf den Abend ein Wort.
Er sagte Lebwohl und – ging fort.
Sie weinten, ein jedes,
Sie hier und er dort,
Ob eines Lebens Verluste.
Doch niemand war, der davon wusste.

Er sah von der Erde ein Stück.
Doch Heimweh trieb ihn zurück. –
Sein Bild war geblieben
Ihr einziges Glück,
Bis dass sie zu Gott gehen musste.
Doch niemand war, der davon wusste.

Olav Trygvason

Weiß von Segeln die Nordsee blitzt;
Hoch am Steuer im Morgen sitzt
Erling Skjalgsson von Sole, –
Späht übers Meer gen Dänemark:
Wo bleibt Olav Trygvason?

Sechsundfünfzig füllten den Plan,
Harrende Drachen; gen Dänemark sahn
Sonnbraune Mannen; – da scholl es:
»Wollte der Orm nicht kommen?
Wo bleibt Olav Trygvason?«

Doch als beim nahenden Morgengraun
Noch kein Mast am Himmel zu schaun,
Schwoll der Ruf wie ein Sturm an:
»Wollte der Orm nicht kommen?
Wo bleibt Olav Trygvason?«

Stille, stille zur selben Stund
Alle standen: von Meeres Grund
Stieg's empor wie ein Seufzen:
»Längst ist der Orm genommen,
Tot liegt Olav Trygvason.«

Alle hundert Jahre seither
Raunt um Norwegens Schiffe das Meer
Dumpf in mondigen Nächten:
»Längst ist der Orm genommen,
Tot liegt Olav Trygvason.«

Seufzer

Abendsonnenfunkeln
Nie durch meine Scheiben bricht,
Auch die Morgensonne nicht; –
Stets bin ich im Dunkeln.

Sonne, sprich, wann gleitet
In die Kammer mir dein Schein?
Fällt kein Strahl ins Herz hinein,
Das im Finstern streitet?

Meinem Kindersehnen,
Morgensonne, bist du gleich;
Wenn du spielst so rein und weich,
Quellen mir die Tränen.

Abendsonnenfrieden,
Ach, du gleichst des Weisen Ruh;
Meinem Fensterlein wirst du
Künftig sein beschieden.

Morgensonnenklingen,
Ach, du bist die Fantasie,
Die der Welt Verklärung lieh.
Könnt' ich dich erringen!

Abendsonnenmilde,
Du bist mehr als Weisheitsruh',
Christenglaube bist mir du:
Leucht' auf mein Gefilde!

An ein Patenkind

(1861)

Mit einem Album von Bildnissen aller derer, die in seiner Geburtsstunde
die Gedanken formten in der Welt des Geistes und der Politik.

Hier beschau' dir die Konstellation im Bilde –
Unter ihr ist dein Lichtlein erglüht! –
Die Sternenschar, die im Himmelsgefilde
Des Gedankens nun strahlet und sprüht.
Was künden sie dir? Wir wissen es nicht.
Deinem Weg, dem noch dunklen, vorleuchtet ihr Licht,
Deiner harrend, ihr Geistesglanz nimmt dich in Pflicht. –

  Erst lass sie dich führen,
  Doch trenne dich dann, –
  Musst tasten und spüren
  Dich selber voran.

Bergliot

(In der Herberge)

Nun wird König Harald
Wohl Tingfrieden geben;
Denn Ejnar sammelte
Fünfhundert Bauern.

Die Burg umschließet
Ejndride, der Jüngling,
Dieweil sein Vater
Redet zum König.

Nun hoffe ich, Harald
Bedenkt, dass Ejnar
Zween Könige schon
Für Norge geküret –

Und schenkt uns Versöhnung
Auf Grund der Gesetze;
So war sein Gelübde,
Heiß wünscht es das Volk.

Wie auf den Wegen
Sandwolken stieben,
Und Lärm wacht auf! –
Schau' nach, mein Knappe.

– Es war wohl der Wind nur!
Denn unwirtlich ist's hier
Am offnen Fjord
In den niedren Bergen.

Seit früher Kindheit
Kenn' ich die Stätte;
Der Wind hetzt die grimmen
Hunde hierher.

– Doch tausendstimmig
Entfacht sich Getöse,
Durch Stahlklang wachsend
Zu kampfroter Flamme.

Ja, das ist Schildlärm!
Und sieh, welch Staubmeer,
Speerwogen turmhoch
Um Tambarskelve.

In Not ist Ejnar! –
Treuloser Harald.
Deinem Tingfried entsteigen
Die Totenvögel.

Fahrt zu mit dem Wagen.
Ich muss zum Kampfe, –
Jetzt müßig sitzen, –
Nicht um das Leben!

(Auf dem Wege)

O Bauern, bergt ihn
In schirmendem Kreise!
Ejndride, nun schütze
Den alten Vater!

Baut ihm eine Schildburg
Und reicht ihm den Bogen;
Mit Ejnars Pfeilen
Pflügt ja der Tod!

Und du, Sankt Olav!
O denk deines Sohnes,
Und bitte für Ejnar
In Gimles Hallen.

(Näher)

Kampflose Mengen – ...
In wirrem Drängen...
Gleich Wellen,
Den schnellen,
Zum Strande nun fliehn
Mit bebenden Knien
Und starren zurück.
Verließ uns das Glück?
Mit trauernden Zeichen
Halten die Scharen;
Sie pflanzen die Lanzen

Im Kreis um zwei Leichen.
Und Harald darf fahren?
Welch dumpfes Gedränge
Beim Tinghause dort!
Stumm wendet die Menge
Sich schaudernd fort.
Wo ist Ejndride! – –
Angstvolle Blicke,
Wohin ich sehe,
Wollen mich meiden...
Nun weiß ich's, wehe,
Tot sind die beiden.
– – Platz. Ich muss sehen.
Weh mir, sie sind es.
Konnt' es geschehen?
Ja, sie sind es.

Gefallen ist Nordens
Herrlichster Helde,
Norriges bester
Bogen zerbarst.

Gefallen ist Ejnar
Tambarskelve,
Der Sohn ihm zur Seite, –
Ejndride.

Ermordet im Finstern,
Er, der dem Magnus
Mehr als ein Vater,
Knuds, des Reichen,
Söhnen ein Freund.

Meuchlings ermordet
Der Schütze von Svolder,
Der springende Löwe
Der Lyrskogheide.

Tückisch geschlachtet
Der Bauern Häuptling,
Der Trönder Heide
Tambarskelve.

Mit weißen Haaren
Den Hunden zur Beute, –
Der Sohn ihm zur Seite,
Ejndride!

Auf, auf, ihr Bauern, er ist gefallen.
Doch er, der ihn fällte, er lebt.
Kennt ihr mich nicht? Bergliot,
Tochter des Håkon von Hjörungavaag:
Nun bin ich Tambarskelves Witwe.

Euch rufe ich an, Heerbauern,
Mein greiser Mann ist gefallen.
Seht, seht, hier ist Blut auf dem bleichen Haar.
Auf euer Haupt mög' es kommen,
Wenn es erkaltet, eh' ihr es rächt.

Auf, auf, Kriegsheer, es fiel euer Feldherr,
Euer Stolz, euer Vater, eurer Kinder Wonne,
Eurer Kinder Märchen, eures Landes Held, –
Hier liegt er, gefallen. Und ihr wolltet ihn nicht rächen?

Meuchlings ermordet, im Königshause,
Im Tinghaus, dem Hause des Rechtes ermordet,
Ermordet vom obersten Manne des Rechts!
Des Himmels Blitz zermalme das Land,
Läutert sich's nicht in der Lohe der Rache!

Stoßt die Langschiffe ab!
Ejnars neun Langschiffe liegen ja hier,
Lasst sie die Rache zu Harald tragen.

O stündest du hier, Håkon Ivarson,
Stündest hier auf der Höhe, mein Blutsfreund,
Nicht erreichte den Fjord dann Ejnars Mörder, –
Nicht müsst' zu euch, Feigen, ich flehn!

O Bauern, hört mich, mein Mann ist gefallen,
Meines Denkens Hochsitz durch fünfzig Jahre!
Zermalmt, zerbrochen, und ihm zur Seite
Der einzige Sohn, ach! all unser Hoffen!

Leer ist es nun zwischen diesen zwei Armen –
Kann ich betend sie je noch erheben?
Wohin auf Erden soll ich mich wenden?
Zieh' ich von hinnen zu fremden Stätten, –
Sehn' ich mich heim, wo wir beide gewandelt.
Aber wende ich mich heimwärts, –
Ach! sie selbst vermisse ich dann.

Odin in Walhall darf ich nicht suchen;
Den verließ ich ja schon in der Kindheit.
Und der neue Gott in Gimle? – –
Der hat mir ja alles genommen!

Rache? – Wer spricht von Rache? –
Kann Rache meine Toten erwecken?
Kann sie mich wärmen, wenn fröstelnd ich bebe?
Gibt sie mir traulichen Witwensitz,
Trost einer Mutter ohne Kind?

Geht mit eurer Rache! Lasst mich in Frieden!
Legt ihn auf den Wagen, ihn und den Sohn,
Kommt, wir geleiten sie heim.
Der neue Gott in Gimle, der fürchterliche, der alles nahm,
Lasst ihn auch Rache nehmen; denn die versteht er,
Fahrt langsam! Denn so fuhr auch Ejnar immer, –
Und wir kommen früh genug heim.

Nicht springen die Hunde heut freudig herbei, –
Sie winseln und heulen mit hängendem Schwanz.
Im Stalle spitzen die Pferde die Ohren,
Froh der Stalltür entgegenwiehernd,
Lauschend auf Ejndrides Stimme.

Doch nimmer ertönt sie mehr, –
Und nimmermehr Ejnars Schritt im Flur,
Der allen kündet: steht auf, ihr Leute,
Jetzt kommt euer Häuptling!

Die großen Stuben will ich schließen,
Fortschicken all unsre Leute;
Vieh und Pferde will ich verkaufen,
Von hinnen ziehn und einsam leben.
   Fahrt langsam!
Denn wir kommen früh genug heim.

An meine Frau

(Mit einem Satz römischer Perlen)

Nimm diese Perlen! – als späten Reim
Auf die, so geschmückt einst mein Jugendheim!
Der tausend Stunden stilles Glück,
Da du drin geatmet, es blieb zurück
Ein Haufe Perlen schimmernd hell,
Die der junge Gesell
Um die Brust sich hing
Und ums Haupt sich band –
Dass aller Welt zu lesen stand,
Von wem sein Herz und Geist erst rechte Zier empfing:
Von ihr, die ihre Liebe um sein Leben wand!

In einer schweren Stunde

Wohl dem, der ernster Fährnis
Dankt seiner Kraft Bewährnis:
   Je ferner das Ziel,
   Desto schwerer das Spiel,
Doch herrlicher auch das Gelingen!
Zerbricht dein Stab in Stücke,
Und wird aus Freundschaft Tücke,
   Ei, das geschieht,
   Damit man sieht,
Du brauchest keine Krücke.
   Wen Gott auf Erden
   Allein gestellt,
Dem wird er selbst zur Stütze werden.

Frida †

Frida, ich wusste, du wolltest nicht leben.
Bloßen Gedanken schon war es gegeben,
Dich zu entgeistern, als wären in ihnen
Engel erschienen.

Wie deine Augen, die staunenden, klaren,
Fern dann und fremd allem Irdischen waren:
Da wuchs die Schwinge, die nach deinen Tagen
Fort dich getragen.

Sprachest du, fragtest du, ward mir oft bange;
War's doch, als ob Blick und Stimme verlange,
Dir einen Schatz der Erkenntnis zu zeigen,
Der mir nicht eigen.

Sprangst du, wie eben der Schulbank entronnen,
Flog dein Gelock wie ein wehender Bronnen;
Lachtest du, tat sich der Himmel auf, strahlend
Über dein Strahlen.

Oder wie konntest du bitter dich grämen!
Alles zerfloss gleich zu Schatten und Schemen,
Chaos ward, wie vor des Ewigen Werde,
Himmel und Erde.

Da, o, da sah ich: dein Glück, deine Schmerzen
Fanden nicht Raum mehr im irdischen Herzen.
Dort winkte Weite! – Doch *hier* blieb ein Schweigen
Wunderlich eigen.

An Bergen

Wie du dasitzt stumm,
Hochgebirg ringsum,
Meer um deinen Fuß und vor dir deine Schären,
Sinnest du wohl auf
Saga, deren Lauf
Noch einmal die Welt erstaunen soll!

Stadt, dir selber treu,
Bergen, »niemals neu«,
Unverwüstlich, echt, wie deines *Holberg* Laune.
Vormals Königswacht,
Später Handelsmacht,
Sitz sodann des ersten Freiheittings!

Wie die Sonne oft
Hell und unverhofft
Deinen Dunst durchbrach und deine Regenschleier,
Kamst du uns mit Rat
Oder rascher Tat,
Wann uns Nacht am dunkelsten umfing.

Tief aus Volkesgrund,
Witzig, kerngesund,
Sproßten da Gedanken, stand uns eine Kunst auf,
Trotzig, blaugeäugt,
An der Brust gesäugt
Deiner düstern, mächtigen Natur.

Deine Berge kahl
Malte unser *Dahl*,
Träumend wandelte an deinem Strand *Welhaven*,
Und auf deiner Flut
Kreuzte hochgemut
Ole Bull vor Flaggen aller Welt.

Deine Nordsee wacht
Treulich deiner Macht,
Und durch deine blauen Fjorde, wie durch Adern,
Strömst du Glück in dein
Nordisch Land hinein, –
Stadt durch Vorzeit reich, an Zukunft reich!

P. A. Munch †

(1863)

Viele Formen hat das Große.
Er, der von uns ging, er trug es,
Wie wir einen Zweifel tragen,
Der den Schlaf uns raubt, doch endlich
Offenbarung uns gewähret, –
Wie ein höheres Sehvermögen
Leidend über Unsichtbares, –
Einen Flug durch schwere Arbeit
Vom Gedachten zum Gewissen,
Vom Gewissen zum Geahnten,
Der in ruhelosem Drängen,
Gotterfüllt und ewig wechselnd
Unsre Welt im Sturm durchkreuzet,
Ihrer Zweifel und Gedanken
Last ihr von den Schultern nehmend,
Und sie abwirft, und sie aufhebt,
Nimmer matt – doch ewig rastlos.

   Still! Nur ein einziger Zufluchtsort
   Wusste ihn sanft zu versöhnen:
   Seiner Familie lichtmilder Hort,
   Schmeichelnd in Farben und Tönen.

   Spann ihn sein Weib mit dem Zauberspiel
   Unter der Birken Schleier
   Mitten in duftender Blumen Gewühl
   Ein in des Walddomes Feier, –

   Kamen die Töchter dann lieblich und leis
   In ihrer Unschuld Klarheit,
   Fächelten Kühlung der Stirne heiß,
   Sprachen von kindlicher Wahrheit, –

   War er bald mitten in Spiel und Lied
   Zärtlich von Tönen umfangen,
   Wolken zerrannen, und hoch im Zenit
   Jubelnd Millionen sangen.

Doch wie in des Herbstes stiller,
Traumhaft schwerer Abenddämmrung
Wetterleuchten die Gedanken
Schreckhaft auf Gewitter lenket, –
Oder wie ein Schlag im Boote,
Das in stiller zarter Mainacht
Schläfrig zwischen Felsen gleitet, –
Nur ein einziges leises Plätschern, –
Doch das Echo jagt es weiter,
Jagt's von Fels zu Fels, die Drossel
Flattert auf, es kreischt das Birkhuhn,
Lauschend hebt das Reh sein Köpfchen,
Steine rollen, wach wird alles:
Hunde heulen, Glocken gellen,
Weckend all des Tages Lärmen, –
Also könnt' ihm ein Erinnern,
Daunweich nur im Spiel gefallen,
Wecken der Gedanken Heerschar.

Und dann jagte es durchs Weltall,
Und dann flammt's in seiner Seele,
Doch es ward zu Licht für andre.

Rassenursprung, Wortverzweigung,
Namenquell, Gesetzverwandtschaft,
Groß und Klein in gleichen Qualen,
Gleichen Zweifeln jagt zum Ziele.
Wo nur Steine andre sahen,
Sah er's glitzern, sah er's funkeln,
Sprengte er den Schacht zum Bergwerk.
Und wo andre vor dem sichern
Funde des Jahrhunderts standen,
Griff ihn Zweifel, und er wühlte
Tag und Nächte bis zum Grunde,
Grub – und sah den Fund versinken.

Doch es ließ sein rastlos Wollen,
Das so vielen Kraft gespendet,
Oftmals übers Ziel ihn schießen.
Klarheit, die er ändern schenkte,
Trog ihn selbst als neue Ahnung.

Darum: wo er schon gewesen,
Kehrte er nur ungern wieder.
Stoff so oft wie Arbeit wechselnd,
Floh er vor dem eignen Denken.
Das Gedachte aber hielt ihn,
Folgte, wuchs gleich einem Brande,
In Brasiliens Wald geschleudert,
Prasselnd vor der Windsbraut fliehend.
Wo kein Menschenfuß gegangen,
Fraß sich's Weg für Millionen.

Nordens Reich streckt seinen Busen
In des Eismeers frostige Nebel,
Finsternis der Wintermonde
Lastet schwer auf Meer und Bergen.
Und den Landen gleich, erstreckt sich
Auch des Volkes tiefste Wurzel
Weit hinein in Nacht und Nebel.
Doch wie durch die Nacht ein Leuchtturm,
Doch wie Nordlicht durch Polarnacht
Blinkte leuchtend sein Gedanke.
Zärtlich wie nach seines Vaters
Angedenken frug er eifrig,
Forschend nach des Volkes Wegen.
Namen, Gräber, rostige Waffen,
Steine brachten ihm die Antwort.
Über Asiens Urwaldberge,
Wüstensand und öde Steppen
Sah er Karawanenspuren
Unterm Moder von Äonen
Heimatsuchend nordwärts deuten.
Wie einst sie den Flüssen folgten,
Folgte ihnen all sein Denken,
Das so reich ins Weltall strömte. –

Sieh, es war ja nur Versöhnung,
Was sein rastlos Schaffen wollte,
Doch die fand er nicht; – statt dessen
Fand er neue Wunderdinge,
– Ganz wie jene Alchymisten,
Die im Suchen nach dem Golde
Zwar nicht Gold, doch Kräfte fanden,
Die noch heut die Welt bewegen.

Tief im Grunde barg sein Wesen
Eine Kraft des Gegensatzes,
So dass Töne, angeschlagen
Von des Nordens hehrer Saga,
Mild harmonisch weiterklangen
In der Sehnsucht nach dem *Süden*.
Und es war des Auges Flamme,
Des Gedankens Blitz verwandt dem
Feuer des Improvisators
In dem heißen Land der Trauben.
Und sein leichter Stimmungswechsel
Und der Feuergeist, der Frondienst
Tat den lieben langen Winter,
Doch die Frucht oft spielend wegwarf, –
Jener unermessene Reichtum,
Drin Gedanken, Launen, Töne,
Leid und Wonne, Ernst und Frohsinn
Unaufhörlich glitzernd spielten, –
Das war wie ein Tag im Süden.

Eine Reise war sein Leben
Unaufhaltsam drum gen Süden,
Durch das Nebelland des Ahnens,
Aus dem Dunkeln in das Klare,
Aus dem Kalten in das Warme, –
Und sein Wirken war die Brücke
Über Berg und Meeresströmung.

– – O, und dann des Glückes Stunde,
Da mit Weib und Spielgefährten,
Seinen kindlich frischen Töchtern,
Er dort stand, wo Abendsonne
Kapitol und Forum grüßte, –
Wo aus tiefem Grund der Weltstadt
Weisheit und Erkenntnis sprudeln; – –
Wo jetzt Klarheit, ätherreine,
Die Jahrtausende erleuchtet,
Die zur Ruhe hier gegangen; –
Wo dem Forscher aus dem Norden
War, als sei er allzu lange
Irr im Nebel nur gerudert
Auf den tiefen, breiten Fjorden; –
Stand, wo Tote ihre Gräber
Sprengen und als Zeugen schreiten
In der schweren Marmortoga;
Wo die Göttinnen von Delos
In die Freskensäle tanzen
Wie einst vor zweitausend Jahren; –
Wo der Erde wachsend Werden
Pantheon und Kolosseum
Stolz in ihrem Schoße bargen; –
Wo ein Hermes dort am Eckstein
Cato würdig schreiten sah als
Pontifex im Priesterzuge, –
Nero als Apollon schaute,
Opferrauchumhüllten Wahnes, –
Gregor schaute, zornig reitend
Als der Geisterscharen Herrscher
Über alle Erdenreiche, –
Cola di Rienzi schaute,
Huldigend der Freiheitsgöttin
Bei des Römervolkes Jauchzen, –
Sah der Kirche Geistesfürsten,
Leo, sich statt Christus wählen
Aristoteles und Plato; –
Sah dann die katholische Kirche
Stärkre Zeiten neu errichten,
Bis der Franzmann sie zertrümmert,
Und *Natur* zur Gottheit wurde, –

Sah aufs neu' die alten Frommen
Dann in Prozessionen wallen
Mit dem Lamm als Weltbeherrscher! –
All das sah der kleine Hermes
Dort am Eckstein hinterm Tempel,
Und es sah der nordische Weise
Ihn und seine Visionen. –

– Ja, als er in der Geschichte
Hehrer Klarheit Rom erblickte,
Und sein Auge sinnend streifte
Abendsonnumflammte Höhen, –
Flossen seiner Sehnsucht Strahlen
Über in entzückte Ahnung.
Und – er sah in eine Kirche,
Größer als der Dom des Weltalls,
Und ein Friede sank hernieder,
Über alles Jetzt erhaben. –

Und als er zum zweiten Male
Dorthin kam, durch langer Tage
Müh' und Fleiß – als gält's Erlösung, –
Da ging Gott ihm selbst entgegen,
Führte ihn hinauf und sagte:
»Friede mit dir, du bist Sieger!«

Doch zu uns, die klagen wollten,
Wandte Gott sich um und sagte:
*»Wenn ich rufe, wer darf sagen,
Der Berufne sei nicht fertig?«*

Er, der stirbt, er war hier fertig!
Sieh, das glauben wir im Schmerze.
Und daß Er, der allen Forschern
Jene Ruhelosigkeit gegeben
(Die Kolumbus trieb und Newton),
Weiß, wann Ruhe kommen soll.

Aber jenen Geistesscharen,
Die verklärt zur Heimat wallen,
Blicken starr wir nach und fragen:
Wer soll abermals sie sammeln?

Denn, wenn er den Kriegspfeil schnitzte,
Strömten sie von allen Ländern:
Schweden, Dänemark und England
Und von Frankreich her zusammen;
Übers Meer die Schiffe flogen
Seinem Banner rasch entgegen.

Die gewaltige Königsflotte
Lag vor Anker hier am Strande,
Und es ward uns zur Gewohnheit,
Sie zu sehn und zu befragen
Nach Eroberung und Fahrten.

Was sie uns gewann, bleibt ewig.
Doch sie selbst darf nun zur Heimat.
Fest vereint, sehn wir entschwinden
Überm Meer das letzte Segel,
Wenden uns und fragen leise:
Wer wird abermals sie sammeln?

König Friedrich der Siebente †

(1863)

Nun schied unserm König ein wahrer Freund!
    Und es senkt bei dem Schlag
Sein Banner der Norden und folgt vereint
    Am Begräbnistag.
Doch, Dänemark! dein sind die tiefsten Schmerzen:
Nun brach dir das wärmste, das größte der Herzen,
    Nun brach deine beste
    Landesfeste,
Nun dehnt sich ein Schrei ob des Königs Tod
    Wie aus tiefster Not!

Ihn, der geboren zu Dänemarks Glück,
    Traf des Todes Los.
Jung stießen sie ihn vom Hofe zurück –
    In des Volkes Schoß.
Da gedieh er gut und ward eins mit den Scharen
Der Bauern, Matrosen in Lust und Gefahren.
    Selbst hat ihm das Leben
    Die Schule gegeben –:
Als fertig die Schlinge für Dänemark, –
    War er lebensstark.

Schnell zeigte sein Geist sich bauerndumm,
    Wo ein Kniff sich fand;
Der Verräter feinste List schlug um
    Vor dem schlichten Verstand.
Er kannte ja nur des Volkes Gedanken,
Drum gab er ihm Freiheit sonder Schranken;
    Dem Ganzen war hold er –
    Nicht teilen wollt' er,
Und hielt eine Rede, nur kurz, die hieß:
    »Nicht geschehn wird dies!«

Ein Matrose am Steuer beim Ansturm vom Meer
    Standfest und klar!
Größeres Lob war nicht sein Begehr.
    Wir bringen's ihm dar!
Stracks dreht' er das Schiff gen Nordensrunde,
Dem wahren, sicheren Ankergrunde; –

Rings sprach im Reiche
   Bald jeder das gleiche:
»So dumm ist der wohl nimmer; seht,
   Wie trefflich es geht.«

Auf Deck rief er eben die Männer all:
   Sturmsegel gesetzt!
»Land«, klang es vom Mast beim Wogenprall
   Jetzt, eben jetzt, –
Da entglitt das Steuer den treuen Händen,
Tot sank er hin – das Schiff will wenden...
   Wenden? Nimmer!
   Sein Kurs bleibt immer;
Ihr kennt ihn, Dänen, Mann für Mann, –
   Sein Kurs heißt: Voran!

In Reih' und Glied allzeit bereit,
   Als Wahlspruch er kor.
Wie ragt' er in ehrlicher Tatkraft weit
   Den andern vor.
Sie ernten die Frucht: *geübte Soldaten,*
Stehn alle, so treu, so erprobt in Taten!
   Das Schiff *kann nicht* schlingern:
   In vielen Fingern
Liegt fest das Steuer geborgen an Bord;
   Hurra gen Nord!

Nichts andres bleibt jetzt in der Zeiten Drang:
   Ausharren voll Pflicht,
Wachthalten im Dunkel, nicht blass, nicht bang, –
   Gott ist unser Licht!
Hier ist's dumpf, ist es still, drückt die Sehnsucht nieder,
Lauscht jeder halb atemlos wieder und wieder, –
   Hier sind Wartezeiten, – –
   Bis die Himmelsweiten
Rosig erhellt uns künden: es naht
   Der Tag zur Tat!

Als Norwegen nicht helfen wollte

(Osterabend 1864)

Und segelst im Kattegatt du umher
    Und durch den Belt,
Du findest die Dänenfregatte nicht mehr
    Mit rotweißem Feld;
Hörst nicht mehr Wessels Stimme beim Klang
    Vom Kommandowort,
Nicht hinter dem Danebrog mehr den Sang,
    Den frischen, an Bord,
Du hörst kein Lachen, du siehst keinen Tanz
    Unterm Segelweiß,
Um Spiegel und Mast nicht den leuchtenden Kranz,
    Der Künste Preis.
Denn alles, was unser war, ertrank
    Auf dem Meeresgrund,
Jedwedes Erinnerungsbild versank
    Im nächtlichen Schlund, –
In der Winternacht, da bei Sturmeswut
    Unter Norwegens Strand
Notschüsse krachten und brandende Flut
    Tang anwarf und Sand;
Ein Boot fuhr vom Hafen zur Hilfe aus,
    Doch wandt' es in Hast, –
Da trieb die Fregatte gen Deutschland hinaus
    Mit zertrümmertem Mast!
Da flog unsre Blutsverwandtschaft vom Bord,
    Mit Stumpf und Stiel, –
Gepackt, gewirbelt, trieb fluchend sie fort,
    Ein Wellenspiel!
Der nordische Leu am Gallion, durch Sturm,
    Durch Alter so grau, –
Er ward zerstückt; ein zerschossener Turm,
    Lag das Schiff zur Schau.

Sie flickten es wieder, sie machten es klar
 Am deutschen Strand;
Schwarzgelb war die Flagge, es spreizt sich ein Aar,
 Wo der Löwe stand.
Wir segeln im Kattegatt; wie leer,
 Wie still ist es nun!
Nur ein deutsches Schlachtschiff sahn wir im Meer
 Vor Schonen ruhn.

An den Danebrog

(als Düppel fiel)

Danebrog, in alten Tagen,
Schneeweiß, rosenrot
Sah man, Sohn des Lichts, dich ragen
Über Nacht und Not,
Reif wie schwere Fruchtgehänge,
Hehr wie Heldengrabgesänge,
Frei, mit Geistes Wandervögeln
Durch die Welt dich segeln.

Danebrog, ach, heute steigst du
Todbleich, blutigrot,
Wund wie eine Möwe neigst du
Dich, verletzt zu Tod.
Heiligen Blutes Purpurlache
Zeugt für die gerechte Sache.
Fallend Volk, nun trag die schwere
Kreuzeslast der Ehre!

Der Norrönastamm

(4. November 1864)

Es zog Norrönas Söhne
Zum freien Meergestad';
Ihr Ziel war Kampfgedröhne
Und hehre Mannestat.
Ihr Geist, in Surtrs Feuer
Sich senkend wurzelfest,
Trieb Schossen ungeheuer
Zu Ygdrasils Geäst.

Ging zu der Brüder Schaden
Oft jeder eigne Spur,
Gab's auf getrennten Pfaden
Doch *eine* Ehre nur.
Die Zeit schuf Platz für jeden:
Erst Norge, Dänemark;
Kam auch danach erst Schweden,
So wuchs es doppelt stark.

Vom Stern des dänischen Drachen
War Ost und West entbrannt;
Normannengeists Erwachen
Drang bis zum heiligen Land.
Sowie von Sveas Stamme
Die Polnacht ward erhellt,
Gibt Lützens Siegesflamme
Noch Licht der halben Welt.

Es schweißten harte Tage
Norges und Dänmarks Band;
Den größern Sinn der Saga
Hat kleine Zeit verkannt.
Dann trat, sich zu verbinden,
Norge zu Schweden hin,
Und nie mehr soll verschwinden
Der Saga größrer Sinn.

Der Volksgeist birgt im Schoße
Weissagung wundersam:
Die Zukunftstat, die große,
Eint den Norrönastamm.
Ein jedes Fest entfache
Des heiligen Schwures Klang:
Für unsres Blutes Sache
Sieg und nicht Niedergang.

Gesang der Puritaner

(Aus dem Drama »Maria Stuart«)

Gib mir Stärke, reich' mir Waffen,
Halt meinem Notschrei den Himmel offen!
Herre, ist sie dein, mein' Sach',
Schenk' ihr du den Siegestag!
Stürz' deine Feinde!
    Stürz' deine Feinde!
Roll' vor dein Zorngewölk, schmettre hinab sie,
In ihrer Sünden Abgrund begrab' sie,
    Seng' ihre Saat,
    Zertritt ohne Gnad'!
Dann lass auf schneeweißen Taubenschwingen
Dem Gläubigen Tröstung herniederbringen,
Das Ölblatt des Friedens, der deinem Frommen
Nach der Strafen Sündflut dereinst wird kommen!

Jagdlied

(Aus dem Drama »Maria Stuart«)

Hinter uns steigt Heidedampf,
    Heidedampf,
Vor uns fliegt der Falk zum Kampf,
    Vor zum Kampf.

Birkenduft erfüllt den Hang,
    Füllt den Hang,
Felswärts stürmt der Hörnerklang,
    Hörnerklang.

Durch die klare Luft dahin!
    Durch! Dahin!
Voran eilt sie! Die Königin!
    Königin!

Jagt ihr nach! Hei, Jagd voll Glut!
    Jagd voll Glut!
Nach – bis in die Todesflut!
    Todesflut!

Taylors Lied

(Aus dem Drama »Maria Stuart«)

Auf Erden jede Freudenstund
Bezahlest du mit Sorg',
Und wird dir mehr als eine, glaub',
Du hast sie nur auf Borg.
Bald fordert eine Schmerzenszeit
In Seufzern streng zurück
Für jedes Lächeln Zinseszins,
Abschlag für jedes Glück.
   Mary Anne, Mary Anne,
   Mary Anne, Mary Anne,
Du, hätt' ich dich nicht lächeln sehn,
Müsst' ich nicht weinend stehn.

Gott helfe dem, der's nicht vermag,
Zu geben halb sein Herz;
Es kommt die Zeit, sie kommt, da ganz
Er nehmen muss den Schmerz.
Gott helfe dem, der nicht vergisst,
Dass er so froh einst war;
Gott helfe dem, dem alles bricht,
Dem nur der Geist blieb klar.
   Mary Anne, Mary Anne,
   Mary Anne, Mary Anne,
All, was ich je gepflanzt, erfror,
Nun, da ich dich verlor.

Hochzeitslied

Du standest vorm Altar in weißem Kleide,
Und Ewigkeiten lauschten deinem Eide;
   Dein banges Denken schwebte
   Um ihren tiefen Grund,
   Und was dein Herz durchbebte,
   Das betete dein Mund.
Da ward dein Blick von hellem Glanz umwoben,
Denn deine Mutter betete dort oben
   Mit dir zugleich.

Nun fühltest du, die Hand, die dir gegeben,
Festhalten werde sie fürs ganze Leben;
   Dir wurde leichter, freier,
   Dein Herz schlug nicht mehr bang;
   Du sahst durch Tränenschleier
   Die Zukunft hell und lang!
Betaut von milden Liebesträne deuchte
Das Leben dir ein Lenz, der ewig leuchte;
   Du fasstest Mut.

Ihm, der die Eltern deinen Kindertagen
Ersetzte, galt es Lebewohl zu sagen.
   Sein Werk war nun geschehen:
   Du standest froh verklärt
   Und, wie's ersehnt sein Flehen,
   Warst deiner Mutter wert.
Er sah dein Aug' voll Dank emporgehoben,
Und Dank schien ihm zu tönen von dort oben,
   Dank für sein Werk.

Von den Geschwistern, denen Kinderpflege,
Selbst Kind, du gönntest, scheiden deine Wege.
   Den besten Lohn von allen,
   Sie geben heut ihn drein;
   Einst in die Wage fallen
   Wird er am Tag der Pein!
Dank und Gebet ist deines Glücks Geleite,
Dank und Gebet sei stetig ihm zur Seite,
   Dank und Gebet!

Lektor Thåsen †

Von einer Blume las ich einst, die stand,
Bebend und bleich, abseits vom Wegesrand;
Denn der Gebirgsnatur geringe Kraft
   Gab sparsam Saft
   Und kaum noch Farbe.

Ein Blumenfreund sah sie im Schatten stehn;
Froh brach er aus: du sollst nicht so vergehn!
In sonnenwarmem Grund sollst du hinfort
   Ein fruchtbar Lebenswort
   Für viele werden!

Als er sie samt dem Erdreich hebt und hält,
Blinkt's seltsam ihm entgegen, – denn ihm fällt
Goldstaub von ihrer Wurzel in die Hand:
   Die Blume stand
   Auf reichen Gruben.

Von ringsher eilt der Jugend rasche Schar
Zur Wunderstätte – und sie wird gewahr:
Hier liegt des Landes Zukunftsschacht;
   Ein Blick in Nacht
   Von Gott war die Blume.

Ach, daran dacht' ich, als die Kunde kam –
Als ihn der Herr des Lebens sänftlich nahm
Aus kaltem Felsgrund und des Winters Wehn,
   Dort aufzugehn
   In ewiger Wärme.

Denn wo sein Sehnen sich hinabgesenkt,
Da blinkt es! Diese Lebenswurzel lenkt
Dem Weisheitshort entgegen, der da reich,
   Goldadern gleich,
   Ruht in den Tiefen.

Nun, da er fort ist, wird ans Licht gebracht
Die Herrlichkeit, von ihm so treu bewacht.
Gedankenschatz der Vorzeit glänzt herauf,
   Und es blitzt auf
   Der Zukunft Reichtum.

Nach dem Metall, ihr Jungen, grabet jetzt,
Des Staub die Blume trug, von Gott versetzt.
– Euch gilt die Botschaft! Schürft es aus dem Grund!
  Ihm ward's nur kund
  In Sehnsuchtsträumen.

Auf einer Reise durch Schweden

Von Kind auf war ich dir verschrieben,
Denn Größe lehrtest du mich lieben, –
Und rufe laut als Mann dir zu:
Des Nordens Sache führe du!

So reich an Land und Gaben bist du,
Doch deines großen Ziels vergisst du.
Eh' du den Norden nicht geeint,
Bleibst du dir selber fremd und feind!

Es webt ein Sehnen und ein Singen
Durch all dein Volk, doch ohne Schwingen.
Wohl stehst du da, vor vielen stark,
Doch deinen Taten fehlt das Mark.

Zu vieles wird von dir begonnen,
Zu viele Kraft zu Wind versponnen; –
An Herzensfülle mangelt's nicht,
Doch Treue fehlt und Ernst der Pflicht.

Du kannst nicht ohne Kampf gedeihen,
Ein Sinn muss deine Tage weihen,
Ein heldisch Wollen, dass die Welt
Vor Schwedens Namen inne hält.

Aus Eignem wirst kein Glied du rühren,
Der Ehre Stern muss dich verführen,
Aus Taten wird dir erst und Mühn
Die rechte Freudigkeit erblühn.

Denn deines großen Einst Versprechen
Sind allzu strahlend, sie zu brechen.
So schmiede denn des Nordens Glück!
Er gibt es doppelt dir zurück!

Du kannst kein größer Werk beginnen,
Kein heiliger Gebot ersinnen:
Dies Werk schließt deine Zukunft ein
Und macht dich aller Sünden rein!

Du Volk von Schwärmern und Propheten,
Du Volk von Träumern und Poeten!
Der Unkraft lähmend Joch zerbrich!
Des Nordens Fahne harrt auf dich!

Stelldichein

Still ist der Abend;
Selbst sich begrabend,
Rollen die Stunden und scheidet das Licht.
Nur die Gedanken
Lauschen und schwanken:
Ob sie heut kommt oder nicht?

Frostiges Dämmern;
Wolken gleich Lämmern
Ziehen vorüber; der Sterne Heer
Zaubert im Glänzen
Liebe und Lenzen;
Kennt sie den Weg denn nicht mehr?

Sehnsuchtsleise
Unter dem Eise
Seufzt das Meer in wegmüder Ruh.
Schiffe vor Anker –
Ach, und ein Kranker
Fragt: wo verweilest du?

Schneeflocken stieben,
Bergwärts getrieben,
Märchenhaft wirbelnd zum dunkelen Hain;
Nachtvögel schwirren,
Schlagschatten irren;
War das ihr Schritt? – Ach nein!

Bist du so feige?
Sehnende Zweige
Starren von Reif; du wurdest verhext.
Doch ich bin stärker,
Sprenge den Kerker,
Wo du dich träumend versteckst.

Lied des Studentengesangvereins

Auf, Brüder, stimmt an ein Lied!
Im Lichtgeleit dahin es zieht,
   Hell flammt es in Liebessonne,
   Voran eilt des Sieges Wonne,
Und ringsum träufelt Blütensaat
Auf junger Willenskräfte Pfad!

Weithin unser Sang schon fuhr,
Und ruhmreich leuchtet seine Spur
   In Fahnen und Freundschaftsspenden,
   In Kränzen aus Frauenhänden,
In Festen voller Jugendschaum,
In Volkes Vorzeit, Volkes Traum.

Nach *Halden* ging unser Zug,
Die Fahne hing zerfetzt genug;
   Sie wehte durch unsre Sänge,
   Sie mahnte durch Liederklänge,
Erglühend in dem mächtigen Brand
Des Heldentods fürs Vaterland.

Gen *Arendal* die Sommerfahrt
Zu »Macht und Ruhm«, sei treu bewahrt.
   Inmitten der Flotte zogen
   Wir Sänger auf blauen Wogen
Zu Norges Schiffs- und Handelsflor, –
Da sangen wir den Jubelchor.

In *Bergen*, am Meeresstrand,
Wo Altes sich mit Neuem band,
Von Lurklang die Berge hallen;
   Held *Sverre* lebt noch bei allen;
Doch frisch und voll von Lebenslust
Entstieg das Lied der Volkesbrust.

Uppsala, Kopenhagen, Lund,
Wie zündend klingt's aus Herz und Mund!
   Da banden wir in Akkorden
   Im Dreiklang den ganzen Norden.
In vollem Chor zum Himmel klang
Norrönastammes Einheitssang.

Frischauf in die Welt hinaus!
Wo's Echo gibt, sind wir zu Haus.
   Im Lied unsre Zukunft winket,
   Im Lied die Vorzeit nicht versinket, –
Wir wandern weiter Hand in Hand,
Und singen Sommer unserm Land.

An den Buchhändler Johan Dahl

(Zu seinem sechzigsten Geburtstag)

Herr Wirt, dir sei dies Hoch gebracht!
   – »Hurra!«
Doch während wir singen, so gebt fein acht!
   – »Ja ja!«
Zuerst müsst von schrecklichen Leiden ihr wissen,
Als in unsern Wirrwarr sein Los ihn gerissen
   Zu Adlern und Schären,
   Zu Wergelands Bären,
   – Au ja!

Er kam als ein unschuldig Lämmelein,
   – O je,
So niedlich, appetitlich und sauber und rein
   Wie Schnee.
Das köstliche Fleisch ließ zu Füllsel man hacken
Und später in Teig von Herrn Wergeland backen
   Und munter zerbeißen,
   Die Knochen verschleißen
   Im Ramsch.

Doch hei! wie ein Böcklein des göttlichen Tor
   Er sprang,
Und stieß ihnen kräftiglich hinter das Ohr, –
   Das klang!
Da schmunzeln die Kerle in vollem Behagen:
»Jetzt hat der Gesell sich zum Bruder geschlagen,«
   Und balde war keiner
   Beliebter und feiner
   Als Dahl.

Das Licht aus der Bude dort konnt' wohl erhellen
   Das Land.
Dort hat sich gar mancher zum Spießgesellen
   Bekannt;
Dort machte man Mode und kritische Normen,
Und wollt' ein gut Stückchen Norwegen formen.
   Das wird die Geschichte
   Schon bringen zum Lichte
   Dereinst!

Für das, was du littest, entflammtest und strebtest,
    Hab' Dank!
Für alle die Kraft, die du freudig belebtest,
    Hab' Dank!
Für all dein gutmütig Eifern und Zanken,
Dein goldnes Gemüt, deine Freundschaft, wir danken,
  Du seltsamer Falter,
  Du Lieber, du Alter,
    Hab' Dank!

Die Spinnerin

Ach, was fragte er mich,
Eh' er jetzt vom Fenster schlich?
    »Du, ein Band, das knüpf' ich still,
An den Tag soll's im April.
    Traust du dich? – dann gib mir dein
Gespinst hinein.«

Wie soll ich's wohl verstehn?
Wer hat je ihn weben sehn?
    Und mein Gespinst so rein,
Will er in sein Band hinein?
    Und so eilig webt er's hin, –
Bis – Lenzbeginn?

Und wie lacht' er dabei!
Ach! Stets treibt er Narretei.
    Gebe mein Gespinst ich hin,
Ihm, der also leicht von Sinn? –
    Füge du es, Gottes Hand,
Fest zum Band!

Die weiße und die rote Rose

Die weiße und die rote Rose,
So hießen der Schwestern zwei – ja, so!
Die weiße, die war stumm und still,
Die rote allzeit froh.
Doch umgekehrt ging's seither, ja,
Da kamen die Freier weit her, ja.
Die weiße ward so rot, so rot,
Die rote ward so weiß.

Der, den die rote liebte,
Den wollt' der Vater nicht han, nicht han.
Doch den die weiße liebte,
Den nahm er glattweg an.
Die rote, ach, bleicht in Tränen, ja,
Vor Seufzen, Sorgen und Sehnen, ja.
Die weiße ward so rot, so rot,
Die rote ward so weiß.

Da, Wetter, wird dem Alten bang,
Er rückt heraus mit: ja doch – ja!
Und Hochzeit gab's mit Sang und Klang
Und Böllerschuss, hurra!
Bald kamen auch Röschen nun, o ja, –
Röschen in Strümpfen und Schuhn, o ja.
Die der roten waren weiß, doch – hm! –
Die der weißen alle rot.

In der Jugend

    Jugendmut,
    Jugendmut,
Wie der Falke kühn und leicht
Hebt er sich im Blau und steigt,
Bis er alle Höhn erreicht.
    Jugendblut,
    Jugendblut,
Braust wie Dampf durch Meer und Nacht,
Sprengt das Stromeis, dass es kracht,
Trotzt dem Sturm und jauchzt und lacht.
    Jugendtraum,
    Jugendtraum,
Schleicht sich wie ein Schelm hinein
In schön Mägdleins Kämmerlein;
Aller Duft und Glanz des Lenzen
Seine leichten Wellen kränzen.
    Jugendlust,
    Jugendlust,
Sprudelt aus der Felsenbrust,
Schleudert noch im Sturz zum Grabe
Lachend seine Strahlengabe.
    Jugendlust,
    Jugendtraum,
    Jugendblut,
    Jugendmut
Streun auf unsern Erdenwegen
Singend ihren goldnen Segen.

Das blonde Mädchen

Ich weiß, sie wird sich von mir wenden,
So scheu, wie je ein Traum entwich – :
Und doch, ich kann nur immer enden:
Du blondes Kind, ich liebe dich!
  Ich liebe deiner Augen Träume:
  So weilt auf Schnee der Mondnacht Ruh
  Und tastet sich durch steile Bäume
  Nur ihr verschlossnen Tiefen zu.

Ich liebe diese Stirn: ein Siegel
Der Reinheit, blickt sie sternenklar
In der Gedankenfluten Spiegel,
Der eignen Fülle kaum gewahr.
  Ich liebe dieses Haar, sich drängend
  Aus seines Netzes strengem Band:
  Voll kleiner Liebesgötter hängend,
  Verlockt es Auge mir und Hand.

Ich liebe diese schlanken Glieder
Mit ihrem Rhythmus wie Gesang.
Hell klingt des Lebens Wonne wieder
Aus ihrer Pulse dunklem Drang.
  Ich liebe diesen Fuß, dich tragend
  In deiner Herrlichkeit und Kraft,
  Durchs muntre Land der Jugend wagend
  Den Weg zur ersten Leidenschaft.

Ich liebe diese Lippen, Hände,
In Amors eifersüchtiger Pacht;
Des Würdigsten als Siegesspende
Gewärtig und für ihn bewacht.
  Ja, schürze nur die schönen Brauen
  Und wende dich zur Flucht und sprich:
  Kein Mädchen dürfe Dichtern trauen.
  Ich liebe dich! Ich liebe dich!

Mein Monat

Ich lobe mir April,
In dem das Alte fällt,
Das Neue Kraft erhält;
Wohl liebt er Friede selten, –
Doch soll wohl Friede gelten?
Nein: dass man etwas will.
Ich lobe mir April,
Weil er, der Stürmer, Feger,
Der Eis- und Herzbeweger,
Weil er, der Kräftereger,
Des Sommers Kommen will!

Hochzeitslied

(Zu Ditmar Meidells Hochzeit, den 21. Juli 1868)

Blick' auf, o Braut, er naht
An Freundeshand zum Buchtgestad',
Ein wenig kahl und träg',
Doch frisch und herzensreg'.
Hier kommt er treu und grad' –
Der alte braune Kreuzeraar,
Erprobt in Sturmgefahr,
Mit Augen kindlich klar.

Er war ein Bursch so keck,
Lag gern auf seines Boots Verdeck
Und ließ vom Wogenschaum
Sich wiegen in den Traum.
Der Segel breite Last
Schlug sonnbeschienen an den Mast,
Und ohne Ruder glitt
Der Kiel im Strome mit.

Doch als er müßig da
Sein Bild im tiefen Blau besah,
Getrieben ward sein Kahn
Zum offnen Ozean.

Hei, wie er munter sprang
Zum Steuer unter Flutgesang;
Die erste harte Not
War ihm wie Morgenrot.

Er kehrte nicht nach Haus, –
Fuhr in der Freiheit Reich hinaus,
Wo alles ringsumher
Unendlich wie das Meer.
Hinaus ins Flutgetos, –
Und ward das Boot auch steuerlos,
Hat kühne Manneskraft
Ihm doch den Sieg verschafft!

Da draußen stand er frisch;
Ihm wuchs der Mut im Sturmgezisch.
Sein Deck zerbarst; doch ihn
Konnt' es nicht niederziehn.
Nach oben kam er leicht,
Wie übers Meer ein Vogel streicht,
Dieweil manch stolzes Schiff
Zertrümmert ward am Riff.

Sein Kahn schwamm flott dahin,
Weil ihn gebaut ein freudiger Sinn, –
Der Sturm blieb ohne Macht:
Denn Jugend war die Fracht.
Und ein unbändiger Klang
Von Schüssen, Feuerwerk und Sang
War immerzu an Bord
Mit Echo über Nord.

Ein wenig müd' zuletzt,
Dacht' er der Kindheit sehnend jetzt,
Lag wieder friedlich-mild
Und sah sein Spiegelbild.
Er sah, der Schelm, er sah –
Sein eignes nicht, nein *ihres* da,
Als seiner Sehnsucht Fund
Lächelnd im Wellengrund.

Zum zweiten Mal zieht aus
Sein Leben in den Wogenbraus,
Und Sturm soll seinem Kahn
Zum zweiten Male nahn!
Zum zweiten, zweiten Mal hinfort
Soll tönen Schuss und Sang an Bord;
Denn diesmal mit ihm fährt
Der Glaub' an Weibes Wert!

Norwegisches Seemannslied

(Zu einem Fest norwegischer Seeleute in Stavanger 1868)

Norwegisch Seevolk ist
Ein derber Schlag voll Kraft und List;
Wo Schiffszeug schwimmen kann,
Da ist es vorne dran.
Auf Meerfahrt und zu Haus,
Im Sund und bei den Schären draus,
Vertraut es Gottes Schutz
Und beut den Wogen Trutz.

Hier müht ein Volk sich ab
Fürs Leben ruhlos bis zum Grab, –
Des Todes Sense mäht
Sich Opfer früh und spät.
Was Tag um Tag geschieht,
Bewahrt nur selten Wort und Lied,
Und von so manchem Stück
Kehrt keiner mehr zurück.

Ja, schlichter Fischer Kiel,
Von Mut und Witz geführt zum Ziel,
Hat Werke viel erschaut,
Die niemals wurden laut.
Und manches Seemanns Haupt
Ward feucht mit Schilf und Tang umlaubt,
Statt dass ihn goldnes Reis
Gekränzt im Heldenkreis.

Des Olavkreuzes Ruhm
Hätt' manches Lotsen Heldentum
Verdient, der Schar um Schar
Gerettet aus Gefahr.
Und manchem Bürschchen auch,
Das heimritt auf der Jolle Bauch,
Stand Vater hoch an Bord,
Gebührte wohl ein Wort.

Doch Norges Küste ist
Des Landes Mutterbrust und misst
Ihm Nahrung zu, wenngleich
Oft Nahrung tränenreich.
Sie hütet und bewacht,
Was ihre Söhne je vollbracht,
Vom großen Hafurstag
Bis auf das letzte Wrack.

Das fühlte, wer sein Land
Nach langem Fernsein wiederfand;
Das fühlte, wer es ließ,
Wann er vom Ufer stieß.
Das fühlten, die weit fort:
Der Heimat Glück war mit an Bord:
Der weißen Segel Fleiß
Gewann uns Macht und Preis.

Hurra, wer immer heut
Zur See sich unsrer Flagge freut!
Hurra, der Lotse brav,
Der sie zuerst heut traf!
Hurra, der Fischer, der
Sich rudernd wagt auf Fjord und Meer!
Hurra, im Schärenkranz
Die Küste unsres Lands!

Halfdan Kjerulf †

(1868)

Hart griff der Winter die jungfrohe Kraft,
Doch er griff fehl. Der lenzfrische Saft
Rettete sich in dem leidenden Stamme.
Hochsommer bracht' ihm der Blütezeit Flamme,
Spätherbst gab reifender Früchte Prangen, –
Wenige, doch süß und mit rosigen Wangen.

Sein ward die Frucht – und wird ewig gesät,
Da, wo man ewig im Sommer steht.
Er allein fand
Leidengebeugt sich an Todesstroms Rand.
Weiter kämpft' er mit Winter und Eis,
Kämpft' um den Sommer, des Sängers Preis,
Kämpfte im Sinken, noch demütig schön
In brünstigem Flehn.

Hat ihn der Sommer auch wirklich gefällt, –
Jetzt, da man's erntet, das goldene Korn,
Hat er gesiegt; unter Jagdruf und Horn,
Einzugsfeier er hält.

Er ist der Dichtkunst mächtiges Bild.
Winterlich herb und doch sommerlich mild.
Gleichwie die Lüfte in zitterndem Schein,
Rosige Gipfel und laubfrischer Hain,
Bäche, die blumige Wiesen durchgleiten,
Klingen und spielen in Sonnenlichts Saiten,
So soll die Dichtkunst erstehen aufs neu', –
Bleibt sie, selbst fallend, der Sache nur treu, –
Mächtig sich dehnen,
Bald ist hier Sommer mit Sommers Sehnen.

Vorwärts

»Vorwärts! vorwärts!«
Scholl der Ahnen Losungswort.
»Vorwärts! vorwärts!«
Pflanzen wir den Schlachtruf fort!
Was die Sinne flammen, die Herzen glauben heißt,
Auch uns, die Enkel, vorwärts reißt
In ihrem Geist.

»Vorwärts! vorwärts!«
Wer gern haust als freier Mann.
»Vorwärts! vorwärts!«
Freiheit ewiglich voran!
Was sie auch an Leiden und Opfern kosten mag,
Wer weiß noch vom empfangnen Schlag
Am Siegestag?

»Vorwärts! vorwärts!«
Wer da traut des Volkes Kraft.
»Vorwärts! vorwärts!«
Wer am Werk der Väter schafft.
Schätze schlafen tief noch in nordischer Berge Schoß:
Die lege treuer Spatenstoß
Von neuem bloß!

Wie man sich fand

(Zum Studententag 1869)

Träume, die zu Träumen drängen,
Finden bald ihr Reich;
Herzen, die sich suchen, sprengen
Alles lenzstrahlgleich.
Und je tiefre Leiden binden
Ihren jungen Drang,
Desto heller beim Sichfinden
Braust der Jubelsang.

Jeder von den Hochgemuten
Spornt zwar hundert an,
Doch wenn tausend auch verbluten,
Wär's doch nicht getan.
Nein, erst wenn der Volkslenz brausend
Stürmt durch Wald und Land,
Weckend all die Hunderttausend, –
Dann erst man sich fand.

Heil nun Norges jungem Tage,
Fern in Dunst versteckt.
Mit dem Dämmergrauen jage
Weg, was uns erschreckt.
Und des Schlachthorns hohle Lieder,
Tränen, Schmach und Blut,
Die beseelten immer wieder
Uns erst recht mit Mut.

Aus des Volkes Geist und Werken
Wächst er Tag für Tag,
Niederlagen ihn nur stärken
Zum Entscheidungsschlag.
Frühlingsahnen ist entglommen,
Spricht das Jubelwort
Von dem Lenz, der einst wird kommen,
Heil dir, Volk im Nord!

Norwegische Natur

(Auf Ringerike während des Studententages 1869)

Wohlauf, ihr Wanderer, singt,
Von Norges Herrlichkeit umringt!
   Lasst stille den Ton sich ranken,
   Wie Farben vorüberschwanken
Zu Fjord und Strand, Gebirg und Flur
Und Wald im Borne der Natur.

Die Glut in des Volkes Drang,
Die tiefe Kraft in seinem Sang,
   Hier hebt sie zu dir die Augen,
   Um deine Schönheit zu saugen,
Und dass du dich vor ihr enthüllt,
Dankt dir ein Blick, von Lieb' erfüllt.

Hier kam die Geschichte zur Welt,
Hier träumte Halvdan als ein Held.
   Er sah in Nebelgestalten
   Das ganze Reich sich entfalten,
Und *Nore* stand und gab ihm Mut,
Und in die Weite wies die Flut.

Hier führe des Liedes Chor
Der Heimat ganzes Bild uns vor!
   Es brause der Sturm in der Stille;
   Ins Milde soll dringen der Wille:
Wenn sich das Land zusammenschart,
Erkennt ein jeder unsre Art.

Was immer als erstes sie will,
Sind hundert Häfen im April.
   Da hebt sich das Herz zum Gotte,
   Wenn Anker lichtet die Flotte;
Norges Gebete segeln fort
Mit sechzigtausend Mann an Bord.

Schau' felsigen Küstenhang
Mit Möwen, Walen, Platz zum Fang,
　　Fahrzeugen im Inselschutze,
　　Doch Boten im Wogentrutze
Und Garn im Fjord, Schleppnetz im Sund –
Von Rogen weiß den ganzen Grund.

Im wilden Lofotenschwarm
Umschlingt den Fels der Meeresarm;
　　Die Höhen hält Nebel umzogen,
　　Doch am Fuße keuchen die Wogen,
Und alles dunkelt, schreckt und droht;
Jedoch im Strudel Boot an Boot.

Den Eismeerfahrer dort schau'
Hinziehn durch Schnee und Dämmergrau.
　　Laut schallen Kommandoworte;
　　Durchs Eis wird gebrochen die Pforte,
Und Schuss auf Schuss die Seehundsjagd,
Doch Leib und Seele unverzagt.

Dann kommen wird abends zu Gast,
Wo das Gebirgsvolk weilt zur Rast,
　　Wo Kühe man melkt auf den Matten
　　In des dräuenden Felshangs Schatten,
Wo sehnsuchtsbangem Fragelaut
Natur die Antwort anvertraut.

Doch müssen wir weiter im Flug;
Denn unser wartet noch genug, –
　　Das Bergwerk, drin Erze wuchten,
　　Die Rentierjagd in den Schluchten,
Der schäumend weiße Strom, der stolz
Zu Tale trägt des Flößers Holz.

Und weilen wir wieder hier,
Die breiten Dörfer lieben wir,
　　Wo Bauern in treuem Walten
　　Hoch unsere Ehre halten;
Von ihrer Ahnen Glanz umloht
War unsres Aufgangs Morgenrot.

Wohlauf, ihr Wanderer, singt,
Von Norges Herrlichkeit umringt!
   Uns leiht unser Wirken Flügel,
   Es grüßt uns die Vorzeit vom Hügel,
Und unsre Zukunft werd' erbaut
So stark wie Gott, dem sie vertraut.

Ich reiste vorüber

– Ich reiste vorüber im Morgenrot:
Lautlos ein Hof noch im Lichte ruht,
Und wie die Scheiben brennen in Blut,
Loht auf in der Seele erloschene Glut: –
    In Frühjahrsstunden
    Dort war ich gebunden
    Von lächelnden Lippen und feinen Händen,
    Und das Lächeln musste in Tränen enden.

Lang, bis der Hof meinem Blicke entschwand,
Schaut' ich hinüber, unverwandt.
Alles Vergangne erglänzte rein,
Alles Vergessne ward wieder mein: –
    Gedanken wandern
    Nun auch zu andern
    Frühlingstagen, und Wonnen und Fehle
    Wogen vor und zurück in der Seele.

Freudvoll damals und freudvoll nun,
Schmerzen damals und Schmerzen nun.
Sonne im Tau: wie das funkelt und weint –
Tränen und Lächeln verklärt und vereint.
    Wenn Erinnerungswellen
    Flutend erst schwellen
    Über die Seele und ebben dann wieder,
    Grünt sie und sprengt die Knospen der Lieder.

Mein Geleit

Durch strahlende Wonnen fahr' ich heut
In Sonntagsstille mit Glockengeläut.
Die Sonne, vom Saatfeld bis zu den Mücken,
Will alles alliebend, allsegnend beglücken.
Ich sehe das Volk in die Kirche wallen,
Hör' Psalmen aus offener Pforte hallen. –
Sei fröhlich! Nicht mir nur galt dein Gruß,
Wenngleich du's nicht merktest mit eiligem Fuß.

Ich habe das herrlichste Reisegeleit –
Zwar birgt es sich listig von Zeit zu Zeit;
Doch sahst du mich Sonntagsfreude bekunden,
So war's, weil mehrere mit mir verbunden,
Und hörtest du meinen gedämpften Gesang,
Sie saßen schaukelnd in jedem Klang.

Mir folgt eine Seele von solcher Macht,
Dass alles sie mir zum Opfer gebracht;
Ja, sie, die lachte, wenn umschlug mein Nachen,
Die nicht gebebt vorm Gewitterkrachen,
In deren weißen Arm ich geruht,
Erwärmt von des Lebens und Glaubens Glut.

Seht, hierin bin ich von Schneckenart:
Ich nehme das Haus mit auf die Fahrt,
Und wer da glaubt, dass die Bürde mich drücke,
Der sollte nur wissen, wie hold es beglücke,
Ein Obdach zu finden, wo himmlisch klar
Sie steht unter lachender Kinderschar.

Kein Denken, kein Dichten hat je ersonnen
So hohe Wölbung, so tiefen Bronnen,
Wie von der himmlischen Liebe der Schein
Hinabdringt bis in die Wiege hinein.
Nie leuchtet und taut dir die Seele so lind,
Wie wenn mit Gebeten du wiegst dein Kind.

Wer nimmer die Liebe gekannt für das Kleine,
Dem winkt nicht die große, die allgemeine.
Wer nicht sein eigenes Haus kann baun,
Wird auch seine Türme zertrümmert einst schaun;
Und zwingt er ganz Europa ins Joch,
Stirbt einsam er auf Sankt Helena doch.

Erbau' dir nur selbst eine Zufluchtsstätte;
Dann weiß auch dein Nächster, wohin er sich rette.
Obwohl von Kindern und Frauen geschaffen,
Birgt diese Festung so starke Waffen,
Dass heil sie bleibt in Kampf und Gefahr
Und Mut verleiht einer ganzen Schar.

Ein einzelnes Heim trug oft ein Land,
Wenn dessen Retter es ausgesandt,
Und wieder viel tausend Heime trug
Das Land erlöst aus dem Kriegeszug;
So trägt es auch auf des Friedens Wegen
Den Pulsschlag des Heims in emsigem Regen.

Trotz all dem Feinen im fremden Duft,
Ganz lauter allein ist die Heimatluft.
Nur dort stellt kindliche Wahrheit sich ein
Und wird von der Stirn dir geküsst der Schein.
Zur Heimat dort oben stehn offen die Türen;
Denn von dorten kam's, und dahin wird es führen.

Du Kirchenpilger, drum freue dich;
Du betest für deine, für meine ich;
Denn das Gebet lässt uns aufwärts wandern
Ein Stück von dem einen Heim zum andern. –
Ihr bieget hinein; im Weiterwallen
Hör' ich den Psalm aus der Pforte hallen. –
Sei fröhlich! Nicht mir nur gilt dein Gruß,
Wenngleich du's nicht merktest mit eiligem Fuß.

An meinen Vater

(Als er Abschied nahm)

Unser Geschlecht sah einstmals stolze Tage.
Noch in geräumigen Weilern und auf breiten
Gehöften sitzt es; doch in harten Zeiten
Ward *unser* Zweig gebeugt in andre Lage.
Nun reckt er wieder sich zum Licht empor,
Und frische Knospen sprießen draus hervor:
Du stärktest ihn; dein Abend sieht aufs neue
Ihn blühn, gelabt vom Quickborn deiner Treue.

Wie das Geschlecht sich ausruht, um zu steigen
In seines Wesens Tiefe, still geschäftig
Dort einzusaugen, was erlösungskräftig
Die reichen Gaben aufweckt, die sein eigen –
So konnt' ich fühlen noch in dir die Spur
Der dumpfen, ungezügelten Natur;
Sie war so stark, dass ihre dunklen Mächte
Fortwirken bis zum spätesten Geschlechte.

Ein Funke fiel hinein vom warmen Herzen
Der Mutter, und der Bund, der euch beglückte,
Wird, wie er segnend euer Alter schmückte,
Noch leuchten nach dem Tod mit hellen Kerzen.
Wenn unser Volk einst recht versteht das Bild
Der Heimat, der mein ganzes Dichten gilt,
Des Glaubens und der Liebe stilles Walten,
Dann soll's auch euch für immer lieb behalten.

Wird Norges Bauer, wie ich ihn beschrieben
Aus Sagas oder bei des Pfluges Lenken,
Genannt, – muss, Vater, man auch dein gedenken:
Ich ahnt' ihn nur, weil dich ich lieben durfte.
Und wenn das treue Weib, das ich gemalt,
Mit wackrem Mut, von Glaubensglanz umstrahlt,
Von Fraun genannt wird, mag es leicht geschehen,
Dass meine gute Mutter sie erspähen.

Und nun in Abendrast mögt ihr verweilen
Nach schwerem Tagwerk und nach manchen Plagen,
Mögt euch erzählen von entschwundnen Tagen,
Von manchem müden Schritt die tausend Meilen –
Wie über Winterschnee der Sonnenschein
Blickt euch ins Fenster freudiger Dank herein,
Umwebend einstiges Leid mit goldner Hülle,
Und Leben quillt euch aus des Glaubens Fülle.

Doch niemand ist, der wärmer für euch betet
Als euer Sohn, den ihr in Angst und Beben
Gehegt vom ersten leisen Flügelheben,
Für dessen Wohl zu Gott ihr täglich flehtet.
Wisst, wenn das Blut zu wild mir schoss durchs Hirn,
War mir, als rührten Hände meine Stirn;
Und pochte Reue still an meine Schläfen,
War mir, als ob wir uns beim Höchsten träfen.

Seht, deshalb bitt' ich Gott, mir Kraft zu senden
(Fürs Leben werden wir uns neu begegnen,
Und Scherz wird Hoffnung und Erinnrung segnen),
Um einen heitern Abend euch zu spenden!
O lass die Enkel, wenn dein Arm sie hält,
Im Abend schaun die morgendliche Welt!
So wird einst tröstlich ihnen noch im Sterben
Das Morgenrot die blassen Häupter färben.

An Erika Lie

    Wer in Töne bände
    Nordische Gelände,
Zeigte nicht nur raue Bergeswände,
      Nein, auch ebne Auen,
      Die gen Morgengrauen
Glitzerperlen frisch betauen.

    Wälder, traumumflogen,
      Die in schweren Bogen
Wie ein Meer das Glommental durchwogen, –
      Lieblich grüne Weiten,
      Die von allen Seiten
Leicht und licht zusammengleiten.

    All den feinen, klaren
    Reiz uns offenbaren
– Nordlands sonnbeglänzte Vogelscharen.
      Und die Purpurspende
      Ferner Nordlichtbrände –
Sieh, das müssen Mädchenhände.

Deine Hände schlagen
    Töne an und jagen
Bilder auf aus langentschwundnen Tagen,
    Die in Sehnsuchtstiefen
    Unsrer Dichtkunst schliefen,
Bis dann deine Hände wach sie riefen.

    Bald in leichten Ringen
    Sehn wir blinkend schwingen
Funken, die aus Vaters Frohsinn springen;
    Bald erhabnes Schauern,
    Heiliges Bedauern
Aus der Mutter Wehmutsauge trauern.

    Kinderseele, klinge
    Reingestimmt und dringe
Gläubig durch das Sein und alle Dinge,
    Rein wie Melodien,
    Festsaalharmonien
Dich, du Kind des Glommentals, umziehen.

An Johan Sverdrup

Nicht war's zu rauem Kriegeswerke,
Dass deines Namens Wunderstärke
Ich mir zum Losungswort erkor.
Kein Gassenkampf kränkt unser Ohr!
Soll denn der Dichtkunst Opferhain
Gefeit vor Meuchelmord nicht bleiben, –
Ist das das Neue, was sie treiben,
Dann mag ich nicht der ihre sein.
Dann sage ich, wie Ejnar sagte,
Als er um seinen König klagte
Und Harald mit Verheerung droht':
»Ich folge eher Magnus tot
Als Harald lebend; – » ja fürwahr,
Dann mache ich mein Langschiff klar.
Auch darum senkte nicht vor dir
Mein Lied sein flatterndes Panier,
Weil ich bei dir Erlösung wähnte
Für alles, was mein Herz ersehnte.
Nein, wo die *größten* Fragen brennen,
Da eben ist's, wo wir uns trennen –
Von des Gedankens Ursprung an,
Bis er sich formt zu Ziel und Plan.
Ich steh' auf Kinderglaubens Grund –
Er muss dem Volk die Freiheit geben,
Durch ihn kann es nach Gleichheit streben,
Nach freier Brüdervölker Bund.
Wohl heißest du gleich mir ein *Christ*,
Doch ist die Kluft so tief geblieben,
So tief, wie wir *verschieden* lieben
Dies Land, das uns *gleich* teuer ist.
Heut mögen wir am Sieg uns freun, –
Das Morgen wird uns neu entzwein.
   Doch darum dich mein Sang erkor,
Weil eben das, was uns *jetzt* gilt,
Von allen dich am stärksten füllt,
Du hältst im Kampf es hoch empor.
Wenn graue Nebel uns umschlingen,
Nach Licht das trübe Auge lechzt,
Die Erde schlummermüde ächzt,

Und ängstlich wir nach Atem ringen, –
Dann weicht von dir die Erdenschwere,
Dann regt dein Geist die Donnerflügel,
Dann packt dein Blitz die Wolkenheere,
Und sonnenklar stehn Berg und Hügel.
Du bist der frische Regenguss
In unsres Alltags trägem Muss;
Du bist die Salzflut, die so wild
In unsre schwülen Fjorde quillt.
Dein Wort bricht durch wie Bergmannsgänge,
Wo Erz erglänzt in Felsenenge;
In deines Seherauges Flammen
Schmilzt Einst und Jetzt in eins zusammen.
Solang' du Sverres Klinge schlägst,
Macht sie dein Schlachtenhorn erzittern;
Solang' wir dich als Führer wittern,
Du Sieg auf Sieg von hinnen trägst.
Sie weichen unter deinen Hieben,
Verkriechen sich in scheuer Kluft,
Doch frei in des Gedankens Luft
Ist unversehrt dein Haupt geblieben.
Wir lieben deinen Löwenmut,
Der vor der Fahne kämpft voll Glut,
Die Fähigkeit, die unverzagt
Den eignen Stahl zu schmieden wagt,
Die wachsame Verwegenheit
In Not, Verachtung, Krankheit, Leid.
Wir lieben dich, weil alles du
Hingabst für uns – Ruhm, Zukunft, Ruh;
Wir lieben dich trotz Hass und Groll:
Du glaubtest an uns allezeit.
   Wer wagt's, noch rückwärts jetzt zu zeigen?
Nein, aufwärts Jahr für Jahr wir steigen,
Aufwärts in Freiheit und in Sang
Und froh-norwegischem Eigenleben;
Wer wagt es noch, zu widerstreben
Befreitem hundertjährigen Drang?
Kein Zwiespalt mehr um Recht und Macht;
Ob Kriegstumult, ob Friedensstille,
Nur *einer* Freiheit Ehrenwacht,
Ein Volk nur und ein einziger Wille.

Der Geist, dem unsres Morgens Graun
Den Traum von freien Göttern brachte,
Der groß von allem Großen dachte,
Wird nimmer dem Unechten traun.
Der Geist, der Wikingschiffe baute,
Als er dem Königswort misstraute, –
Der sich, bedroht, gen Island schwang
Auf Heldenruf und Heldensang,
Im Sturm dann Land und Zeiten nahm, –
Den macht ihr nicht so leicht mehr zahm.
Der Geist, dem einst am Hjörungsunde
Schlug langersehnter Freiheit Stunde,
Der keines Königs Macht gescheut,
Der selbst dem Papstspruch Trotz noch beut,
Der selbst in seiner Schwachheit Stunde
Frei saß auf freier Väter Grunde,
Und sich gewehrt mit Mund und Hand,
Wo fremdes Herrentum ihn band, –
Der Wessel führte Hand und Degen,
Der Holbergs Witz zu wetzen wagte
Und der Gedanken Funkenregen
Aus stillem Schlot gen Ejdsvold jagte, –
Der durch des Glaubens Machtgebot
Die Brücke *über* Odin spannte
Im Baldurmythus auf zu Gott, –
Der Geist, der sich aus tiefem Dunkel
Zu Gimles Klarheit durchgerungen,
Als Papstesspruch wie Mönchsgemunkel
Ihm allerwärts den Weg verrannte, –
Und abermals dann Brückenbogen
Zu sonnigen Freiheitshöhn gezogen,
Sodass, als rings für Luthers Lehre
Des Schlachtfelds Opfer blutig rauchte,
Im Norden, an der Freiheit Wehre,
Nur eine Wand zu fallen brauchte, –
Der Geist, der auch die finstern Stunden,
Da man den Glauben abgeschafft,
Durch Brun und Hauge überwunden,
Und der mit unbeirrter Kraft
In pietistischer Nebelnacht
Bei Kerzenschein am Altar wacht, – –

Glaubt ihr, den bringt man in die Mode
Durch die neumodische Synode?
Der ließe sich in Stücke feilen
Und in politische »Kammern« teilen,
Der ließe sich wie Schmugglerwaren
Über die Grenze heimlich fahren?
   Und *eben jetzt*, da auf den Höhen
Die Feuerzeichen flammend rauchen,
Da Schulen für das Volk erstehen
Und nicht um Platz zu kämpfen brauchen,
Wo Mut und Sinne sich verjüngen,
Dieweil wir hören, glauben, singen; –
Jetzt, da mit dumpfen Wetters Macht
Sich Wellen aus der Tiefe heben,
Und drüber hell wie Nordlichtpracht
Der Jugend Sehnsuchtrufe schweben, –
Jetzt, da der Geist allüberall
Die alte, starre Form verschmähte,
Wo schmetternd mit der Kriegsdrommete
Der junge Wille stürmt den Wall!

Kampfgroße Zeit! Und wir mittinnen!
Der Erde Größtes ist's: zu sein,
Wo Kräfte gärend sich befrein
Und Formen und Gestalt gewinnen;
Von eignen Feuers Überfluss
Zu opfern für den großen Guss,
Den Abdruck seiner eignen Form
Zu sehn als der Geschlechter Norm, –
Zu hauchen in den Mund der Zeit
Den Geist, den Gott in uns geweiht.

Das war's, was ich dir sagen musste, –
Just dir, der wach zu jeder Frist
Die Werkstatt seiner Zeit durchmisst
Und stets, was kommen würde, wusste;
Dir, der des Volkes Herz geweiht
Zu diesem neuen Freiheitsleben, –
Und dem dies Volk dafür gegeben
Sein Schöpfertum samt seinem Leid.

Das Kind in unsrer Seele

Zum Herrn im Himmelsraume
Blickt auf ein Knabe unschuldstraut,
Wie wenn zum Weihnachtsbaume,
Ins Mutteraug' er schaut.
Doch schon im Sturm der Jünglingsbahn
Trifft ihn der Edenschlange Zahn,
Und seines Glaubens Schranken,
Sie wanken.

Da winkt voll Sonnenschimmer
Sein Kindertraum im Myrtenkranz;
Im Liebesblick malt immer
Sich frommer Himmelsglanz.
Wie einst im Mutterarm so gern,
Preist wieder stammelnd er den Herrn
Und löst sein betend Sehnen
In Tränen.

Wenn dann zum Lebensstreite
Er zweifelnd eilt in jähem Lauf,
Steht lächelnd ihm zur Seite
Sein Kind und weist hinauf.
Mit Kindern wird er wieder Kind;
Wohin sein Herz auch trägt der Wind,
Gebet wird ihn vereinen
Den Seinen.

Der größte Mann auf Erden,
Das Kind in sich verlier' er nicht,
Und selbst in Sturmbeschwerden
Erlausch' er, was es spricht!
Oft, wenn ein Kämpe fiel mit Scham,
Das Kind war's, das als Retter kam;
Es lässt von allen Wunden
Gesunden.

Was Großes ward ersonnen,
Ist Werk des Kinderfreudenstrahls;
Was Starkes ward gesponnen,
Das Kind in uns befahl's.
Was schönheitsvoll in Herzen fiel,
Lebt in des Kindes Unschuldspiel,
Und Klugheit vollgewichtig
Wird nichtig.

Wohl dem, der sich hienieden
Wert zeigt, im eignen Heim zu ruhn;
Denn dieses nur gibt Frieden
Des Kindes mildem Tun.
Uns alle, die des Lebens Schlacht
Verhärtet hat und müd' gemacht,
Wird Kinderlachens Tönen
Versöhnen.

Der Alte Heltberg

Ich besucht' eine Schule – klein, doch geziert
Mit allem, was Kirche und Staat approbiert.
Sie drehte sich fügsam und honett
In der Staatsmaschine, freilich mit Knarren,
Denn geschmiert wurde selten mit Geistesfett.
Jedoch eine andre gab's dort mitnichten:
Und so mussten wir denn ins Geschirr vor den Karren,
Aber statt zu ziehn – las ich Snorres Geschichten.
Dieselben Bücher, dieselben Gedanken,
Die der Lehrer pflichtschuldigst jahraus, jahrein
In die Köpfe paukt ohne Wanken und Schwanken,
– Denn dies befohlne System allein
Bringt das Amt, nach dem Lehrer wie Schüler nur zielen! –
Dieselben Bücher, dieselben Gedanken,
Die einen machen aus noch so vielen,
Der auf einem Bein seine Lektion absurrt,
Der Tausendsassa, wie ein Ankertau schnurrt! –
Dieselben Bücher, dieselben Gedanken
Von Mandal bis Hammerfest – (ja, wie mit Planken
Umschließt uns der Staatspferch, darin alle feinen,
Korrekten Leute dasselbe stets meinen!)Die
nämlichen Bücher, die gleichen Gedanken
Sollt' ich schlucken; doch mir widert' der Brei,
Ich trotzt' mit der Schüssel und machte mich frei,
Froh überhüpfend der Heimat Schranken.
Was mir draußen begegnet und was ich dachte,
Was die neue Stätte mir Neues brachte,
Wo die Zukunft lag, – darauf will ich verzichten,
Um von der »Studentenfabrik« zu berichten.

Bärtige Gesellen, oft über die Dreißig,
Auf jedes Wort hungrig, büffelten fleißig
Neben mausigen Bürschlein von siebzehn Jahren,
Die sorglos närrisch wie Spatzen waren; –
Teerjacken, einst ins Abenteuerland
Keck aus der Schule durchgebrannt,
Dann reuig wieder und sehr erpicht,
Die Welt nun zu sehen im Weisheitslicht; –
Fallierte Kaufleute, die hinterm Pult

Mit den Büchern liebelten, bis die Geduld
Ihrer Gläubiger riss, und auf Pump jetzt studierten; –
Salonlöwen, faule, die hier noch sich zierten! –
Junge, halb ausgebackne Juristen
Und predigtlüsterne Seminaristen; –
Kadetten mit Schäden an Arm oder Bein,
Bauern, denen 's Lernen fiel allzu spät ein: –
Was andre in fünf Jahren nicht verschlingen
An Latein, in knapp zweien wollten sie's zwingen. –
Sie hingen über die Bänke, lehnten gegen die Wand,
Ein Paar hockt' in jedem Fenster, einer prüfte just am Rand
Eines tintenklecksigen Pultes, ob denn sein Messer schneide.
So füllten sie die zwei Stuben, zum Brechen voll beide.

Lang und hager, im Halbtraum, auf der äußersten Linie
Saß vor sich hinbrütend A.O. Vinje.
Angespannt und mager, die Gesichtsfarbe gipsen,
Hinterm kohlschwarz-unmenschlichen Bart Henrik Ibsen.
Ich, der jüngste, war damals noch nicht von der Partie,
Bis ein neuer Schub einrückte mit Jonas Lie.

Doch der Alte, der wackre Chef in dem Loch,
Heltberg war von allen der schnurrigste doch!
In Pelzstiefeln stand er, in Hundefell dicht
Vermummt (denn es beugten ihn Asthma und Gicht,
Den Riesen), doch barg uns die Pelzmütze nicht
Seine Stirne, das klassische Adlergesicht.
Nun schmerzgekrümmt, nun besiegend, was widrig,
Warf er starke Gedanken – und er warf sie nicht niedrig.
Kam der Schmerz unbändig und stieß zusammen
Mit dem starken Willen, der Sturm dann lief
Gen den Anfall, sahn wir sein Auge flammen
Und die Hände sich ballen, als schämt' er sich tief
Jeder Schwachheit. Wie uns da entgegenschlug
Das Große im Kampfe! Und jeder trug
Ein Bild mit sich fort jener stürmischen Zeiten,
Da durchs Land gebraust Wergelands wilde Jagd,
Welch ein Spiel der Kräfte im Toben und Streiten.
In der Kraft welch ein Wille unverzagt!
Nun stand er verlassen, der einzige noch,
Vergessen in seinem Winkel – und war ein Häuptling doch!
Los sprengt' er den Gedanken aus der Schule Zwang und Zucht,

Sein Eigen war die Lehre, seine Führung Geistesflucht,
Persönlich all sein Wesen: höchst ungeniert-anarchisch
Risch rasch! ging's in den Text; doch absolut monarchisch
War sein Grimm über Fehler; – zwar legte er sich bald
Oder stieg zu einem Pathos von edelster Gestalt,
Das in Selbstverhöhnung sich löste wieder
Und als Spottregen prasselt' auf uns hernieder. –
So führt' er seine »Horde«, so ward im Flug durchbraust
Das klassisch schöne Land, – wo wir verdammt gehaust!
Entsetzt standen Cicero, Virgil und Sallust
Auf dem Forum und im Tempel, rasten wir Wilden just
Vorüber: Hie Tor, hie Odin! ein zweiter Gotenzug,
Der Jupiters Lateiner und die ewige Roma schlug.
Und es war des Alten Grammatik ein Hammer von Zwergen geschweißt,
Wenn er ihn schwang, da sprühte Flammen der nordische Geist.
Doch die neue Barbarenhorde, die hinter ihm jagte dahin,
In Rom sich niederzulassen, hatten sie nicht im Sinn.
Sie wurden nicht »Lateiner«, nicht fremden Denkens Knecht,
Sie lernten sich selber kennen auf der Fahrt als Herrengeschlecht.
Des Denkens hohe Gesetze erwies er uns am Worte,
Zu Wundern und zu Taten erschloss er uns die Pforte
Und schärft' uns, zu erobern, zu stürmen, den Mut,
Was unberührt gestanden in altersheiliger Hut.
Als schauten wir Gesichte, in atemloser Haft
Hielt uns des Alten Lehre und mehrte unsre Kraft.
Seine Bilder gaben Nahrung dem jungen Schöpferdrang,
Sein Witz war Stärkeprobe und stählte zum Waffengang;
Seine Macht war uns die Wage, die Kleines von Großem schied,
Sein Pathos zeugte vom Kampfe, der im Verborgnen glüht!
Wie sehnte der kranke Kämpe sich aus dem Winkel vor,
Nur einmal der Welt zu zeigen, was sie an ihm verlor,
Wenn er von seinem Besten nur wenigen Schülern gab.
Tagtäglich hisst' er die Segel, doch niemals stieß er ab.

Seine Grammatik erschien nicht! Er selbst ging in das Land,
Wo man des Denkens Gesetze nicht mehr in Bücher bannt.
Seine Grammatik erschien nicht! Aber ein Lebenswort,
Bedurft' es der Druckerschwärze? Es dauerte schaffend fort!
Aus seiner Seele strömt' es so mächtig, so warm,
Das Leben von tausend Büchern, wie scheint es dagegen arm!

In einer Schar von Männern, selbstständig und stark,
Lebt weiter, was ihrem Denken Halt verliehn und Mark.
In der Schule und in der Kirche entfalten sie ihr Wirken,
Im Tingsaal und vor den Schranken, in allen Geistesbezirken, –
Und immer behält ihr Walten einen freien, starken Zug,
Seit Heltberg ihre Jugend in reinere Höhen trug.

Für die Verwundeten

(1871)

Ein stiller Zug bewegt
Sich durch des Kampfs Getöse,
Das Kreuz am Arm er trägt.
Sein Flehn in tausend Zungen klingt,
Und den gefallnen Kriegern
Er Friedenskunde bringt.

Nicht nur auf blutigem Feld
Des Kriegs ist er zu Hause, –
Nein, in der ganzen Welt.
Was in der Welt an Liebe glüht
Aus edlen, guten Herzen,
Andächtig-still hier kniet.

Es ist der Arbeit Scheu
Vor Kriegesmord, die betet
Um Schutz vor Barbarei,
's sind alle, die das Leid durchwühlt,
Die ihrer Brüder Qualen
Je seufzend mitgefühlt.

Es ist das Schmerzgestöhn
Der Kranken und der Wunden,
Der Christen frommes Flehn,
Ist der Verlassnen bleiche Qual,
Ist der Bedrückten Klage,
Der Toten Hoffnungsstrahl; –

Der Wolken Nacht durchbricht
Als Friedensregenbogen
Des Heilands Glaubenslicht:
Dass über Leidenschaft und Streit
Die Liebe triumphiere,
So wie Er prophezeit.

Land in Sicht

Und das war Olav Trygvason,
   Den sein Kiel durch die Nordsee trug
   Heimwärts zu seinem jungen Reiche,
   Wo noch kein Herz für ihn schlug.
   Scharf späht' er aus nach dem Lande:
   Dort – sind das Mauern am Meeresrande?

Und das war Olav Trygvason;
   Wallgleich hob es sich himmelan;
   All seine jungen Königswünsche
   Wollten zerschellen daran, –
   Bis ein Skald, wo der Nebel braute,
   Türme und blasse Zinnen erschaute.

Und das war Olav Trygvason,
   Deucht' ihn nun selbst, dort stiegen auf
   Altersgrau ragende Tempelmauern,
   Schneeweiße Kuppeln darauf.
   Sehnt' er sich, wie sie herüber sehen,
   Mit seinem jungen Glauben darinnen zu stehen.

An H. C. Andersen

(Bei einem Sommerfeste zu seinen Ehren, Kristiania 1871)

Willkommen hier am lichten Sommertag,
Da Kinderträume heimisch uns geworden
Und blühen, singen, spiegeln, schweben, fliehn;
   Den sie umziehn,
Ein Märchen ist nun unser hoher Norden
Und nimmt dich an sein Herz zum Weihebund,
Und danket, jubelt, flüstert Mund zu Mund.
   Und Engelslaut
   Von Kinderherzen traut
Trägt dich empor für kurze Frist,

Wo unsrer Träume Born und Ursprung ist.
Willkommen! Unser ganzes Volk ist jung
Und steht im Märchenalter noch, dem schönen,
Das träumend eine Zukunft wirken kann.
   Der geht voran,
Der fügsam hört den Ruf des Herrn ertönen.
Wer Kindes Sehnsucht so wie du verstand,
Botschaft vom Größten bringt er unserm Land:
   Der Zauberstab,
   Den Fantasie dir gab,
Hat spielend uns den Weg befreit,
Den wir entgegenwandeln großer Zeit.

Bei einer Ehefrau Tode

Sie kannte des Todes Auge seit jenem dunklen Tag,
Da ihr der Erstgeborne entseelt zu Füßen lag;
Und als sie's rief zur Mutter, zur fernen, die verschied,
Da folgte ihr dies Auge mit unbewegtem Lid;
Ihr ahnte, als am Grabe sie stand im Trauerflor:
Jetzt trifft es mehr als Einen, jetzt, Leben, sieh dich vor!
Und als ihr Gatte umsank, der starke Mann, da sprach
Sie schmerzlich: O, ich wusste, das Schwerste käme noch nach.
Sie dachte, ihn, ihn hätte gewählt des Schöpfers Grimm,
Und stemmte ihre Hände wider den Boten schlimm
Und wollte mit ihrem Leibe, schwach wie ein Birkenreis,
Ihn schirmen, ihren Helden – und gab sich selbst so preis.
Sie lächelte so selig: ihr Urteil war gefällt,
Ihr Opfer angenommen, – gerettet war ihr Held.
Bewundrung, Liebe wölbten ein strahlend Sternenzelt
Von Glück zu ihren Häupten in ihrer letzten Stund,
Bis schneeweiß sie entschwebte fort in der Engel Rund.
Es zieht solch eine Liebe wohl bis an Gottes Brust
Die Seelen mit sich, die sie umfängt voll Opferlust.

An der Bahre des Kirchensängers A. Reitan

(1872)

Sein lachend Auge durfte sich
An Land und Himmel weiden;
Denn beider Bildnis in ihm glich
Den ewigen Jubelfreuden.
   Als »Quellchen« sprang
   Sein Wort, sein Sang
Durch Täler grün und eng und lang,
Und fruchtbar sprießt's am Rande.

Beim armen Volk im Winter dann
Da litt er und da fror er.
Und doch stieg als der frohste Mann
Zur Orgel dann empor er.
   »Die Achse, seht,
   Um die sich's dreht,
Auch durch das ärmste Dörflein geht.«
So sang vom hohen Chor er.

Ach, und als Krankheit jahrelang
Kam, um sein Lied zu prüfen,
Und all die Kleinen hilflos bang
Zutraulich nach ihm riefen,
   Mit leisem Klang
   Dem Staub entrang
Sich Äolsharfen gleich sein Sang
Den dumpfen Erdentiefen.

Sein Leben sagte uns voraus:
Wenn wir uns Gott ergeben,
Dann wird in Kirche, Schule, Haus
Das Volk im Liede leben:
   In Volksgesang,
   In Lustgesang,
Im Abglanz von des Herrn Gesang
Hoch überm Weltenweben.

Mein Land, o denk der Kleinen auch,
Die er ans Herz dir legte,
Und ärmer, als ein Rosenstrauch,
Selbst noch im Sterben pflegte. –
   Ein Herz wie er
   Darf nimmermehr
Dies Land verlassen freudenleer,
Das er so treulich hegte.

Das Lied

Das Lied hat Leuchtkraft; drum über die grauen
Werktage gießt es Verklärung hin.
Das Lied hat Wärme; drum lässt es tauen
Den Frost und die Starrheit in deinem Sinn.
Das Lied hat Dauer; drum was vergangen
Und was zukünftig, es flicht's dir zum Kranz,
Entzündet in dir unendlich Verlangen
Und bildet ein Lichtmeer von Sehnsucht und Glanz.

Das Lied vereint; denn es lässt entschwinden
Den Misston und Zweifel in strahlendem Gang;
Das Lied vereint; denn es weiß zu verbinden
Kampflustige Kräfte in friedlichem Drang:
Im Drang zur Schönheit, zur Tat, zum Reinen!
Es lädt uns, zu schreiten auf schimmerndem Steg
Stets höher und höher, empor zu dem Einen,
Das nur für den Gläubigen öffnet den Weg.

Die Sehnsucht der Vorzeit im Vorzeitsgesange
Glänzt wehmutsvoll wie der Abendflor;
Die Sehnsucht der Gegenwart halten im Klange
Wir fest für der Zukunft lauschendes Ohr.
Es trifft sich im Liede der Lenz der Geschlechter
Und tummelt sein Leben im tönenden Wort;
Die Geister der Ahnen wie mahnende Wächter,
Sie rauschen heut festlich in jedem Akkord.

Auf N. F. S. Grundtvigs Tod

(1872)

Gleichwie der Urzeit Wala hehr
Aufstieg über den Wassern der Sagen,
Kündend, was Himmel verbarg und Meer,
Dann, wieder sinkend hinabgetragen,
Ließ die Kunde zu Lehr' und Ehr'
Spätesten Tagen:

Also ließ uns, der unser war,
Schwindend Gesichte, die nicht entschwanden,
Die noch schweben, leuchtend und klar,
Sonnenwolken ob Meer und Landen,
Unsern Ausblick auf tausend Jahr'
Hell zu umranden.

Aus der Kantate für N. F. S. Grundtvig

(1872)

Sein Lebenstag, der größte, den Norden je gekannt,
Der mitternächtigen Sonne war wunderbar verwandt.
Das Licht, in dem er wirkte, von »Gottes Frieden« war,
Das nimmer untersinket, nie neuen Tag gebar.

Im Licht von Gottes Frieden Geschichte er uns gab,
Als Geistesschritt auf Erden, hoch über Zeit und Grab.
Im Licht von Gottes Frieden hat er der Väter Bahn,
Zur Warnung und als Beispiel, klar vor euch aufgetan.

Im Licht von Gottes Frieden folgt' er mit Wachsamkeit
Dem Volke, wo es baute, der großen Geister Streit.
Im Licht von Gottes Frieden Aufklärungsmacht er sah, –
Wo seinem Wort man glaubte, Volksschulen blühten da.

Im Licht von Gottes Frieden stand für ganz Dänemark
Sein Trost, wie eine Schildburg hell schimmernd, trutzig-stark.
Im Licht von Gottes Frieden erobert werden soll
Verlornes und was brach liegt, mit tausendfachem Zoll.

Im Licht von Gottes Frieden steht heut sein Greisentum
Als Amen seines Lebens voll Manneskraft und Ruhm.
Im Licht von Gottes Frieden, wie strahlte er so rein,
Wenn am Altar er schenkte des Herrn Versöhnungswein.

Im Licht von Gottes Frieden gehn über Meer und Land
Die Worte und die Psalmen, die er uns hat gesandt.
Das Licht von Gottes Frieden, sein Sonnenstrahlenhort,
Umglänzte still sein Leben – : so lebt er in uns fort.

Bei einem Fest für Ludv. Kr. Daa

Junge Freunde im innigen Kreis,
Alte Feinde kommen;
Fühle dich sicher, denn freundschaftsheiß
Sind dir die Herzen entglommen.
Wieder gab's hier einen ernsten Tag,
Wieder schlugst du mit Reckenschlag:
Jeder bekam wie stets seinen Hieb,
Doch jetzt sei lieb!

Nicht mit Hallo und mit Handschuhen nicht,
Noch mit Sektglasklingen, –
»Alter Forscher«, herzenschlicht
Wollen wir Dank dir bringen.
Ziehen die Wasser in stillem Lauf,
Steigt unser Lotse selten hinauf,
Türmt sie zu Wellen des Sturmes Braus,
Segelt er aus!

– Segelt er aus als Bergungspilot,
(Gekannt ist das Auge des Alten),
Lacht in den Bart, wenn ein Wetter droht
Und zagend die anderen halten.
Dank trug er nicht, das weiß ich, nach Haus;
Denn er schimpfte die Schiffer aus,
Wandte den Rücken, ging heim voll Kraft,
Das Werk war geschafft!

Er hat erprobt, was es heißt, zu gehn
Gehasst, bis die Wahrheit am Tage;
Er hat erprobt, was es heißt, zu stehn
Nach beiden Seiten dem Schlage.
Er hat erprobt, was es kostet an Leid,
Voranzuschreiten seiner Zeit,
Er, den so Hohes wir wirken sahn,
Ward in Bann getan!

Wirst du nicht, Norge, endlich ihr Recht
Jenen Helden gewähren,
Die mehr vollbrachten, als beim Gefecht
Nachzuhinken den Heeren?
Soll es denn immer so kläglich gehn,
Wollen wir stets um das Kleine uns drehn,
Stillliegen, spähn, bis ein Fehler erkannt? –
Nein, Segel gespannt!

Segel zu größrer Fahrt gespannt,
Wozu uns die Kräfte gegeben –
Leben, dem Alltag nur zugewandt,
Das ist nicht wert, es zu leben;
Leben, dem höheren Kampf geweiht,
In Gottvertrauen und Einigkeit,
Von Ehren und Sangesflagge umweht, –
Seht: das besteht!

Nein, wo bleibst du doch?

(1872)

Nein, wo bleibst du doch, du, der besitzet die Macht,
Zu zertreten dies Lügengezwerg,
Das mein Haus mir umlagert und tückisch bewacht
Jeden Weg, den zum Ziel ich mir ausgedacht,
Und bricht mir nun ein,
Zu belauern voll Hass
Meinen Sinn, zu entweihn
Mir jedes Gelass
Meines traulichen Heims, wo so harmlos ich saß.

Nein, wo bleibst du doch! Jahrelang hat mich der Tross
Besudelt, dem Volk mich entstellt;
Lügennebel umhüllt meiner Dichtung Schloss,
Als lag' da ein Sumpf, dem der Brodem entfloss,
Und ein Halbtier, ein Faun
Bin ich selbst, den mit Graus
Die »Gebildeten« schaun –
Oder ziehn weidlich aus
Zur Hatz auf den Keiler, zum lustigen Strauß.

Wenn ein Buch ich schreibe, »just sieht es mir gleich«;
Wenn ich spreche – ist's Eitelkeit.
Wenn ich zimmre und baue fürs Bühnenreich,
Mein Dünkel nur führt jeden Hammerstreich.
Und schlag' ich mich treu
Für altheimische Art
Auf der Väter Bastei,
Umtobt und umschart, –
Kämpf' ich nur, weil mit Orden zu sehr man gespart.

Nein, wo bleibst du doch, du, der mit eins kann zerhaun
Dies umstrickende Lügengewirr –
Der verjagt aus den Köpfen dies krankhafte Graun
Vor entschlossenem Wollen, begeistertem Schaun –
Und hat Trost für den Mut,
Der in Frost und in Nacht
Seine Waffenpflicht tut
Und die Runde macht,
Bis das Heer sich erhebt, wenn der Tag erwacht.

Komm, Volksgeist, du, gottgeboren – entstammt
Dem Riesen bezwingenden Tor.
Fahr auf Donnern einher und von Blitzen umflammt,
Dass die Furcht dies Gezüchte zum Schweigen verdammt;
Du kannst wecken im Land
Die schlummernde Kraft,
Du kannst stärken das Band,
Das in Blutsbrüderschaft
Uns eint, wo dein Banner je flattert am Schaft.

Hab' Dank, unser Volksgeist! – denk' ich nur dein,
Wird alles zum Nichts, was ich litt.
Deinem Kommen nur weih' ich mich, dir allein,
Deinem Angesicht beug' ich mich, dein, nur dein,
Und erfleh' einen Sang,
Du liedreicher Mund,
Dass in Not und Drang,
In entscheidender Stund'
Ich dir Kämpen erweck' auf der Väter Grund.

Weckruf an das Freiheitsvolk im Norden

Der »vereinigten Linken«

(Tirol 1874)

Verachtet von den Großen, nur von den Kleinen geliebt,
Den Weg geht alles Neue, – sag', ob's einen andern gibt?
Von denen, die schützen sollten, verraten und gehetzt, –
Sag', ob je eine Wahrheit sich anders durchgesetzt?

Anhebt es wie ein Sausen im Korn am Sommertag
Und wächst zu einem Brausen hin über Wald und Hag, –
Bis es, vom Meer empfangen, in Donnern rollet fort
Und alles überdröhnet, dies Wort, dies Losungswort.

Im Gotenkampfe nordwärts verschlagen wurden wir;
»Leben in Freiheit und Glauben!« ist unser Volkspanier.
Der Gott, der Land und Sprache und alles hat verliehn:
In Werken, die er uns heischet, in Taten finden wir ihn!

Der Vielen und der Kleinen Pflichteifer soll er sehn,
Kampf gilt es gegen alle, die da nicht wollen verstehn. –
Anhebt es wie ein Sausen im Korn am Sommertag
Und geht nun schon als Brausen hin über Wald und Hag.

Es wird zum Sturme wachsen, eh's einer noch erkannt,
Mit Donner in seiner Stimme weit über Meer und Land.
Ein Volk, dem Ruf gehorsam, ist der Erde größte Kraft,
Hat je noch Hoch und Nieder geworfen und hingerafft.

Offne Wasser

Offne Wasser, offne Wasser!
Sehnsucht, – bange, winterlange, –
Wird nun gar zum heftigen Drange.
Blaut ein Streifchen kaum im Sunde,
Dehnt zum Monat sich die Stunde.

Offne Wasser, offne Wasser!
Sonne lächelt, nascht vom Eise
Schamlos bald nach Prasserweise.
Lässt sie ab: zur Nacht geschwinde
Trotzig härtet's neu die Rinde.

Offne Wasser, offne Wasser!
Sturm muss her! – er kommt, der Wandrer,
Bringt herauf vom Sommer andrer
Freie Wogen, starke Wellen, –
Krach folgt nach und Sturz und Schnellen.

Offne Wasser, offne Wasser!
Wieder Luft und Berg sich spiegelt,
Schiffen ist die Bahn entriegelt:
Botschaft braust herein von draußen –
Kampffroh steuern wir nach außen.

Offne Wasser, offne Wasser!
Sonnengluten, kühlem Regen
Jauchzt die Erde nun entgegen:
Seele tönet mit und zittert –
Neugeschaffen, kraftumwittert.

Freiheitslied

An »die vereinigte Linke«

(1877)

Freiheit! bist der Volkskraft Kind,
Zorn und Sang dir Mutter sind!
Kämpenstark als Junge schon
Rangst du früh um Kampfeslohn;
Warst umkreist allermeist
Von Gesang und Witz und Geist;
Freudig ist dein Tun, voll Macht
So beim Pflug wie in der Schlacht.

Feinde stets und überall
Lauerten auf deinen Fall;
Fanden dich zu grob bei Tag,
Führten, als du schliefst, den Schlag;
Banden sacht dich bei Nacht.
Du sprangst auf, – die Fessel kracht...
Weiter schrittst du froh und stark,
Du hast Schwung und du hast Mark!

Wo du wandelst, blüht der Pfad,
Schwillt aus deinem Mut die Tat,
Facht Gedanken deine Glut:
Doppelst Kraft in Hirn und Blut.
Landesrecht ist dein Knecht;
Selber schufst du's, wahrst es echt.
Nicht durch »wenn« und »ach« beschränkt,
Fällst du jeden, der es kränkt.

Freiheitsgott, bist Lichtesgott, –
Nicht der Knechte Schreckensgott, –
Liebe, Gleichheit, Vorwärtsdrang,
Frühlingsbotschaft sät dein Sang.
Freiheitshort! Friedensport
Winkt den Völkern durch dein Wort:
»Einer nur ist Herre hier;
Keine Götter neben mir!«

An Molde

    Molde, Molde,
      Treu wie ein Sang,
Wogende Rhythmen mit lieben Gedanken,
Farbige Bilder, die spielend sich ranken
Um meines Lebens Gang.
Nichts ist so schwarz, wie dein Fjord, wenn er fauchend
An dir vorbeifegt, meersalzig rauchend,
Nichts ist so sanft, wie dein Strand, deine Inseln,
Ja, deine Inseln!
Nichts ist so stark wie dein bergiger Kranz,
Nichts ist so zart wie der Sommernacht Glanz.
    Molde, Molde,
      Treu wie ein Sang
      Summst du auf meinem Gang.

    Molde, Molde,
      Blumiger Ort,
Häuslein im Gärtchen, Freunde dort weilen!
Bin ich auch ferne wohl hundert Meilen,
Steh' ich im Rosenschutz dort.
Heiß brennt die Sonne auf Berglands Weite,
Fort muss der Mann zum ernsten Streite.
Sanft nur die Freunde entgegen mir gehen
Und mich verstehen –
Kampf schlichtet einzig der Tod allein, –
Hier sei dem Denken ein heiliger Hain!
    Molde, Molde,
      Blumiger Ort,
      Kindheiterinnerungs-Hort.

Und wenn einmal
Im letzten Kampf ich liege,
Mein Heimattal,
In deinem tiefen Abendrot
Lag meiner Gedanken Wiege, –
Dort nahe ihnen der Tod.

Die reine Norwegische Flagge

I

Dreifarbig reines Panier,
Norwegens schwer errungne Zier!
Tors Eisenhammer hält
Im Bann das christlich weiße Feld.
Und unser Herzensblut
Strömt hin als rote Flut.

Hoch über der Erdenschwere
Du jubelst, in Sehnsucht, zum Meere;
Der Freiheit Lenzkraft gewähre
Dir Kraft, uns zu speisen Seele und Mund
Fahr hin übers Erdenrund!

II

»Die reine Flagge ist Torheit«,
So raunen die »Weisen« allhier.
Nein, Poesie ist die Flagge,
Und die Toren, ihr Guten, seid ihr.
Es schwingt in der Poesie sich
Der Volksgeist himmelan,
Als Führer geht die Fahne
Ihm unsichtbar lenkend voran.
Und was er erkämpft und errungen,
Und was ihn an Sorgen bewegt,
Das tönt jetzt in ewigen Liedern,
Die Flagge den Takt dazu schlägt.
Wir halten sie hoch, umbrauset
Von Sehnsucht, meersturmgleich,
Von vollen Erinnerungschören,
Von Worten, so flüsternd weich.
Sie kann nicht schwedisch plappern,
Wie ein zierlicher Schwadroneur,
Sie kann sich nicht sperren und spreizen,
Drum weg mit der fremden Couleur.

III

Die Sünden, die wir begangen,
Die gab's in der Flagge nicht,
Denn die Flagge das Ideal ist
In ewig harmonischem Licht.
Die besten Taten der Vorzeit,
Der Gegenwart bestes Gebet
Umhüllt sie und trägt sie weiter,
Dass vom Vater zum Sohn es geht.
Trägt es rein und ehrlich
Und nicht mit Versuchers List,
Denn unserem jungen Willen
Sie Führer und Schirmer ist.

IV

»Den Brautring nehmt nicht aus der Flagge«,
So rufen sie allerwärts,
Doch Norge hat nimmer versprochen
Einer andern Braut sein Herz.
Es teilt mit keinem sein Wohnhaus,
Sein Bett, seinen Tisch, seine Ehr',
Sein Bräutigam ist sein Willen,
Selbst herrscht es auf Feld und Meer.

   Es ehrt unser Bruder im Osten
Die Kraft, die nach Freiheit ringt,
Er weiß, dass sie alleine
Uns Ruhmeskränze erzwingt.
Er weiß, warum unsrer Flagge
Der Pomp seiner Farben nicht steht:
Weil unsre eigene Ehre
Uns über die seine geht.
Und niemand, der Ehre im Leib hat,
Nennt andre Freundschaft ein Glück.
Wir opfern ihm gern unser Leben,
Doch von unsrer Flagge kein Stück.

V

An Schweden

> Voll Ehrerbietung ich nahe, –
> Ich weiß, du trägst hohen Sinn, –
> Und lege in schlichten Worten
> Vor dich meine Sache hin.

Wärst *du* der Kleinere, Schweden,
Und jüngst erst durch Freiheit beglückt,
Und trüg' deine Flagge ein Zeichen,
Das dich tiefer und tiefer drückt,
Und behauptete, du seist der Kleine,
An des Größeren Tisch gesetzt,
(Denn also deuten die Völker
Dies Flaggenzeichen jetzt) –
Und wäre deine Freiheit
Nicht alt, – nein – wie unsre jung,
Und hundertjährige Ohnmacht
In deine Erinnerung
Mit frischen Furchen gegraben
Von altem Unrecht und Blut,
Von ziellosen Sehnsuchtsklagen,
– Ja wüsstest du, wie das tut,
Und solltest dein Volk erziehen
Zu neuer Freiheit Ehr',
Zu neuen Freiheitsgedanken,
Und die Flagge dein Dolmetsch wär',
Ob du dir wohl ließest rauben
Aus der Flagge das eine Feld?
Ob du wohl erträgst das Zeichen,
Das die Freiheit dir vorenthält?
Ob du dir nicht selber sagtest:
»Je älter des ändern Rang,
Je größer der Ruhm seiner Farben,
Um so lockender ist sein Sang.
Versuche nicht den, der gefallen
Und der jüngst sich erst wieder befreit.
Mit reinen Zeichen deute.
Empor zur Unsterblichkeit.«

So sprächest du, alter Recke,
Wenn du wohntest in *unserm* Land,
Denn dir sind die Pfade der Ehre
Von altersher wohlbekannt.
Seit achtzehnhundertvierzehn
Und bis auf den heutigen Tag,
So oft unsre Freiheitssehnsucht
Qualvoll in Fesseln lag.
Gab es Männer in deiner Mitte,
Die trotz deiner Halsstarrigkeit
Für unsere Sache sprachen,
Wie Torgny in alter Zeit.

VI

Antwort an den alten Ridderstad

Im Kampf um die reine Flagge
Schwatzt du von »Ritterpflicht«?
Mein Bester, ich achte dich höchlich,
Doch wisse, *die* schert dich nicht.
Denn grade weil uns Verleumdung
Bewirft mit Ruß und Dreck,
Ist's »Ritterpflicht«, aus unsrer Flagge
Zu wischen den Anfechtungsfleck.
Die *Gleichheit*, die dieser predigt,
Die lügt er mit frechem Gesicht;
Ein großskandinavisches Schweden,
Das nämlich mögen wir nicht.
Nein, »Ritterpflicht« ist's für den Kleinen,
Zu sagen: »ich bin kein Teil,
Ich will das Selbstständigkeitszeichen
Ganz haben zu eignem Heil.«
Und »Ritterpflicht« ist's für den Großen,
Zu sagen: »der falsche Schein
Gereicht mir ja doch nicht zur Ehre,
Der soll meine Waffe nicht sein.«
Und »Ritterpflicht« ist's für beide,
In streitender Völker Gemisch,
Zu sein mit gereinigtem Banner
Ein Beispiel, stolz, wacker und frisch.

An den Missionar Skrefsrud in Santalistan

Ich ehre dich, weil du, verschmäht, geschändet,
Der Stimme lauschend, doch den Sieg errafft,
Und neuer Lästrung Antwort nur gesendet
Mit Wundern deines Glaubens, deiner Kraft.

Ich ehre dich, weil du nur stets gedürstet
Nach Gottes Taten unter Not und Streit;
Du Sohn des Gudbrandstales, geistgefürstet,
Der Heimat bester Mann in deiner Zeit.

Ich teile nicht dein glaubensstarkes Träumen,
Das scheidet nicht, wo Geist zum Geist sich kehrt;
Was groß und edel strebt zu höhern Räumen,
Verehrt mein Sinn, dieweil er Gott verehrt.

Post Festum

Ein Mann, bedeckt mit Schnee und Eis,
Stand einstmals auf am Eismeerstrande,
Da schallte laut durch alle Lande
Des Riesenrecken Lob und Preis.

Ein König klomm zu ihm hinan
Und reicht' ihm gnädig seinen Orden:
»Den tragen die, die groß geworden!«
»Stopp!« knurrte ihn der Recke an.

Der König wich verblüfft, entsetzt
Zurück mit bänglichem Gesichte:
»Mein Orden wird nach der Geschichte
Verschmäht von just den Größten jetzt.

»Nimm, nimm, mein Lieber; bitte schön,
Lass mich nicht in der Patsche stecken;
Du wirst mehr Größe ihm erwecken,
Uns, die ihn tragen, miterhöhn!«

Zu gut war unser Eismeerheld,
Wie oftmals Recken, will mir scheinen;
Die Narren werden sie der Kleinen, –
Er nahm ihn, – Hohngelächter gellt.

Da krochen alle Könige hin
Mit ihren Orden, sie zu heben
Und ihnen neuen Glanz zu geben:
Für arme Ritter zum Gewinn.

Honny soit ... et caetera –
Bespickt mit Orden stand er da;
Doch größer ward der Orden keiner,
Der Recke nur verteufelt kleiner.

Romsdalen

Komm auf das Deck, der Morgen bricht an, –
Ob ich das Land wohl erkennen kann?
Sieh, wie die Inseln die Köpfe recken,
Frischgrün und felsig; Salzfluten lecken,
Mutwillig plätschernd, den steinernen Fuß.
Seevögel flattern mit kreischendem Gruß,
Heben sich, senken sich, geistergleich.
Hier ist ein Reich
Voll Sturmeserinnrung, – ganz für sich.

Wir sind auf Fischers gefahrvoller Bahn!
Draußen – erzählt der Kapitän – am Riffe
Drängt sich der Heringsschwarm. Segelschiffe
Schwärmen just eben von dort herein; –
Der Fang war fein!

Wahrlich, – ich habe euch gleich erkannt,
Knorrige Leute von Romsdalland, –
Ja, ihr könnt segeln, wenn es gilt.

Doch halt! Fast entschwand mir das herrliche Bild!
– – – Beim ersten Blick
Wirft's Blitze zurück,
So mächtig war's in der Erinnerung nicht.

Wohin auch meine Augen wandern,
Ein Bergesriese über dem andern,
Des einen Brust an des andern Lende,
Bis an des Himmels äußerste Säume.
Wir harren auf Donner und Weltenende;
Die ewige Stille weitet die Räume.

Blau sind die einen, andere weiß,
Mit ragenden, hitzigen, eifernden Zacken,
Andere packen
Fest sich beim Arm zu geschlossenem Kreis.
Den riesigen Berg dort heißt man das »Hemd«,
Ein Prediger ist er, in hehrer Gemeinde,
Von Größen der Urzeit, erhaben und fremd.
Was predigt er wohl? Dem Kindheitsfreunde

Tat oft ich die Frage, und immer wieder
Lauscht' ich, in Andacht versunken ganz.
Auf meine Lieder
Fällt majestätisch sein weißer Glanz.

– – Wie groß das ist! Ich werde nicht fertig.
Die größten Gedanken aus Leben und Sage
Strömen herbei, meines Winks gewärtig,
Mit all dem Großen sich eifrig zu messen, –
Dantes Hölle, indische Sagen,
Shakespearesche Dramen zum Himmel ragen,
Äschylos' Donnerwolken ziehen,
Beethovens mächtige Symphonien, –
Weiten sich, heben sich, dampfen, strahlen:
– Und schrumpfen zusammen zu Spatzengeschnack
Und Ameisenfleiß; – umsonst euer Plagen!
Es ist, als wollte ein Ballherr im Frack
Die Berge zum Tanze zu bitten wagen.
Versuche sie nicht! Nein, gib dich hin,
Dann wirst du spüren,
Wie all die Großen zum Größern dich führen.

Beug' dich in Demut; denn wer sie fragt,
Dem sagen sie: *eines* ist doch das Größte.
Sieh, wie der Bach durch den Spalt sich nagt;
Und denke, wie einst er vom Urfels sich löste
Und sich durch Eis und Klippen biss,
Um den Riesenleib zu durchfeilen.
Anfangs ein Ganzes, musst' er sich teilen,
Als sich die Lenzfluten auf ihn ergossen; –
Doch Jahrmillionen verflossen,
Eh' der Gigant zerriss.

Jetzt stampft der Fjord in die Bande hinein,
Lüpft den Südwester mit keckem Gruße.
Wenn sie benebelt vom Kopf bis zum Fuße,
Zwickt sie der Bursch an der Nase gar gern, –
Der Fjord gehört nicht zu den höflichsten Herrn.

Ihm entgegen mit schaumweißem Kuss
Eilen Quelle, Gießbach und Fluss,
Das Lärmen der Sippe will nicht enden.
Oftmals treibt's ihm die Bande zu bunt,
Sperrt ihm den Weg, dass er halten muss.
Wie eine Muschel mit nassen Händen
Nimmt er den ganzen zudringlichen Schwarm
Frisch an den Mund und bläst darauf
Mit Westwindlungen – juchhei, pass' auf!
Dann heult es und tutet's, dass Gott erbarm'.

– Schwarzgrau ein Fjord die Küste jetzt teilt,
Schnell unser Boot ihn durcheilt;
Gießbäche donnern zu beiden Seiten.
Am Bergeskamm
Dampfende Regenwolken gleiten,
Voll wie ein Schwamm.
Ob Sonne, ob Sturm – das urewige Streiten.

Das ist des Romsdals trutzig Land!
Jetzt bin ich daheim.

Hier liegt des Volkes tiefster Keim.
Hier hat es Stimme und Herz und Verstand.
Jedweden Mann ich *hier* richtig deute:
Kennst du den Fjord, so kennst du die Leute.

Wild ist der Fjord in Sturm und Schlacht;
Ein *anderer* ist er in Sommerpracht,
In Mittsommersonne,
Wenn still er träumt in seliger Wonne, –
Was er nur sieht,
Innig und warm an sein Herz er zieht,
Spiegelt es, schaukelt es, –
Wär' es so arm wie das Moos am Fels,
Flüchtig wie Schaumesperlen des Quells.

Sieh, welch ein Glanz! So offen und minnig
Bittet er, bis man ihm gerne entschuldigt,
Was er verbrach und bereute so innig!
Allen den Bergen in Demut er huldigt,
Spiegelt so kosend
Wider im Spiel ihr erhabenes Bild.

– Denken die Alten: er ist doch nicht schlecht;
Frohsinn und Zorn sind sein altes Recht;
Ist reicher als andre, ist nimmer falsch,
Nur rücksichtslos, launisch und – eben »romsdalsch«.
Berge! Ihr wisst das. Ihr kennt das Geschlecht,
Ihr saht sich's plagen,
Kriechend am Felshang, das Wildheu zu schlagen.

Ihr saht es ringen
Beim Fischfang, in Sturmnot, mit wenig Gelingen,
Roden und hauen und pflügen und pflanzen,
In Moor und Geröll mit den Gäulen schanzen;
Maßlos zu Zeiten,
Trunkene Flegel,
Sich raufen und streiten,
Doch nimmer weichen, – zu Topp die Segel!

Weiler wechseln; doch tief gekerbt
In euch liegt Sehnsucht, die quellenreiche,
Singende Tiefe – die wellengleiche:
Windböenfjord hat den Sinn euch gefärbt.

Wikinggeschlecht, ich grüße dein Nest!
Tief liegt dein Grundstein, die Wölbung ist fest,
Sonnennebel erfüllt deine Halle,
Gischtschaum vom brausenden Wasserfalle.
Wikinggeschlecht, so sei mir gegrüßt!

Wo uns so hohe Wölbung umschließt,
Kostet's zwar Kampf, sich den Thron zu erringen –
Nicht allen wollte das leider gelingen –
Kampf kostet's, das Erbgut des Fjords zu heben
Aus wollüstigem Nichtstun zu fruchtbarem Streben,
Kampf kostet's; – doch der, der es wagt, wird Mann.
Ich weiß, dass er's kann.

Holger Drachmann

Lenzbote, sei gegrüßt! Kommst du vom Walde?
Denn du bist nass im Haar, belaubt, bestaubt...
Hast an deine Kraft geglaubt?
Schlugst dich auf der Halde?
Der Lärm um dich von fesselloser Flut,
Die deiner Ferse folgt – sei auf der Hut:
Sie spritzt nach dir! – schlugst du dich seinetwegen?
Du warst da drinnen zwischen Stumpf und Knorren,
Wo diese Wintergreise längst verdorren.
Sie geizten? Wollten dir den Weg verlegen?
Doch dir ward Kraft verliehn vom alten Pan!
Sie schrien wohl unheilkündend, wie besessen?
Sie nannten es wohl Raub, was du getan?
In jedem Lenz geschieht's, wird bald vergessen.

Du wirfst dich hin am Salzmeer; dir zur Labe
Hat sich's gelöst, sucht kräuselnd deine Gunst.
Du kennst den Takt; Pan wies dir seine Kunst
Zur Dämmerzeit an einem Wikinggrabe.

Doch von dem Arme der Natur umschlungen
Hörst du den feuchten Grund vom Kampftritt beben,
Siehst Dampfer mit der Freiheitsflagge streben
Nach Norden hin; – dein Name ist erklungen.

So zwischen zweien dich erschöpfest du:
Den Freiheitskämpfern, stolz geschart zum Streite,
Der Sagenwelt in ihrer Traumesruh';
Die ersten mahnen, und es lockt die zweite.

Bald tönt dein Lied wie Hörnerklang vorm Feind,
Bald zärtlich wie durch Schilfrohr schwebt's heran.
Du bist Naturmacht halb und halb ein Mann,
Und noch hast du die Hälften nicht vereint.

Jedoch wie du auch spielst und selber seist
(Faunartige Liebe mit dem Kraftakkord
Des Wikings wechselnd), heil dir, Feuergeist –
Trägst du die Tür auch mit der Angel fort.

Das eben war's, wonach wir uns gesehnt:
Auf, auf, es gilt dem Lenz! Der üble Duft
Von Königsweihrauch und von Mönchstabak,
Ja, diese Schwindsucht in romantischem Lack
Presst wie Moral die Lungen: frische Luft!

Weit lieber venezianischen Gesang,
Des Südens Üppigkeit und Farbenwunder,
Lieber »zwei Schüsse« (machen sie auch bang),
Als all den marklos faden Bildungsplunder!

Gegrüßt, Lenzbote von dem schlanken Wald,
Vom Meeresrauschen und von Kampfgefahren!
Wenn oft dein Lied ein wenig lässig hallt –
Wo Reichtum ist, da braucht man nicht zu sparen.
Des Riesen Art weckt aller Zwerge Tadel,
Ich liebe dich; du bist von eignem Adel.

Wiedersehen †

... Bergfrisch die Luft, Schneeflocken drin;
Gewundnen Weg rasch fuhr ich hin
Zwischen zarten Birken und Tannen.
Die Tannen grübelten einzeln; weiß
Und fröhlich lachte das Birkenreis: –
Ein Erinnern, ein Bild will mich bannen.

Und die Luft so harsch und frei und leicht,
Weil alles Schwere aus ihr weicht,
Das fächelt der Schnee von hinnen;
Und lebhaft hinterm dünnen Flor
Schimmert die Landschaft, drüber empor
Steigen beschneite Zinnen.

Doch: – wie unter braunweißem Mützenrand –
Wohin ich blicke – : unverwandt – –
Wer ist's nur – wer schaut mir entgegen?
Flink starr' ich unter den Haubenschild –
In ein Schneegeflimmer, toll und wild; –
Ist jemand auf meinen Wegen?

Ein Sternchen fiel auf den Handschuh ... da
Und da wieder ... jedes verschieden ja,...
Wollen die Rätsel spielen?
Und wie Lächeln durchglänzt es die Luft ringsum
Von guten Blicken ... ich seh' mich um...
Sind's Erinnrungen, die nach mir zielen?

Dies Sterngespinst, dies Filigran –
Ob sich wohl ein Geist drin bergen kann?
Ich fühl's nach mir tasten und greifen...
Du feine Birke, du Luft so rein,
Du muntrer Schnee, – wer haucht euch ein
Sein Wesen, wer sammelt im Schweifen

Sein Bild in den Zügen der Natur,
In diesem Behagen auf schneeiger Flur,
Im Flockenspiel, dass er mich necke, –
In diesem weißen, sanften Glanz,
In diesem schweigenden Rhythmentanz?
Nein, das bist du, Hans Brecke!

Des Dichters Sendung

Dem Dichter ward Prophetenamt;
Zumal in Not und Gärungszeiten,
Wenn alle, die da leiden, streiten,
Sein Glauben stärkt, erhebt, entflammt.
Ein auferstandner Vorzeitheld,
Führt neuen Heerbann er ins Feld,
   Und ihn umzieht
   In weitem Raum
   Mit Seherlied
   Der Zukunft Traum;
Des Volkes ewige Frühlingssäfte
Macht frei das Lied durch seine Kräfte.

Er straft das Volk um eitlen Wahn
Und Heidentum und Molochschrecken,
Sieht unter herbstlich grauen Decken
Der Gotterkenntnis Triebe nahn.
Befreit pflanzt sich ihr Blütenschoß,
Gleich lichtem Kraft- und Liebesspross,
   Dem Volke ein,
   Erwärmt sein Herz,
   Trägt Heil hinein
   Und Zorn und Schmerz,
Lässt Mut und Klarheit kund ihm geben:
Wisst, Gott ist offenbart im *Leben*!

Den Königsmantel reißt er fort,
Um Volkesschultern ihn zu breiten,
Dass blind sich dies nicht lasse leiten
Von fremder Hoheit Wink und Wort,
Dass es als eigne Majestät
In eignen Amt und Würden steht,
   Von Sagaruhm,
   Von Mut entflammt,
   Mit Heldentum
   Ihm selbst entstammt,
Mit ungebrochner Willensstärke,
Mannhaft beim Worte, wie beim Werke.

Er zwingt das Volk zur Buße hin,
Ein grimmer Lug- und Trugverhöhner,
(Kein Sonntagsheld, ein Tagelöhner,
Dem seine Kühnheit kein Gewinn).
Aus trägem Frieden, Geistesnacht,
Aus Feigheit zwingt er's auf voll Macht;
   Nicht Volkessinn,
   Nicht Königsdank
  Lenkt seinen Gang:
  Frei zieht er hin;
Und wankt er, Schmerzen fühlt er gären,
Sein Herz durch läuternd Leid zu klären.

Er ist der Schwachen Hort und Held,
Kein Ritter dient den Frauen treuer.
Er führt des zagen Neulings Steuer,
Bis rechter Wind sein Segel schwellt.
Er wächst, halb wollend, halb verdammt,
Durch sein ihm auferlegtes Amt
  Und fleht am Ziel:
  »O Herr vergib!
  Ich war nicht viel.
  Ein bessrer Trieb
Aus reicherm Seelenfrühling mehre
Nach mir des Volks wie deine Ehre!«

Psalmen

I

   Ich fühl' in mir
   Den Drang nach dir,
Du Harmonie, im All entfaltet.
   Bin ich verbannt?
   Hast du erkannt,
Dass ich mein Eigen schlecht verwaltet?
   Denn ohne Kraft,
   Bald feig erschlafft,
Bald in Verzweiflung sieh mich beten,
   Dass Trost und Gnad',
   Ein Ruf, ein Rat
Mich aufhebt, wo du mich zertreten.
   Gott, hör' mein Wort!
   Stoß mich nicht fort
Vom Hoffen auf mein Ziel und Streben!
   Mein Stern lischt aus; –
   Von nächtigem Graus
Sind meine Schritte nun umgeben.
   Im öden Sinn
   Wogt her und hin
Ein Schwarm von schreckensvollen Geistern.
   Ihr, oft verjagt,
   Was wollt ihr, sagt?
Nur heut kann ich sie nicht bemeistern.
   Ach, Friede, komm!
   Lass glaubensfromm
Des Lebens starkes Band mich tragen!
   Lass nicht nach mir
   Vergebens hier
Mich zweifelnd suchen, rufen, fragen!

II

Ehre dem ewigen Frühling im Leben,
   Der alles durchweht!
Kleinstem wird Auferstehung gegeben,
Die Form nur vergeht.
   Geschlecht auf Geschlecht
Müht sich empor zu schreiten;
   Art bringt Art hervor
In unendlichen Zeiten;
Welten gehn unter und steigen empor.

Nichts ist so klein, dass nicht Kleinres bestünde
   Unsichtbar.
Nichts ist so groß, dass nichts Größres bestünde
   Ferne von ihm.
   In der Erde der Wurm
Ist Berge zu bauen imstand';
   Der Staub im Sturm
Oder der rinnende Sand,
Reiche hat er gegründet einst.

Unendlich das All, und Großes und Kleines
   Verschmelzen darin.
Kein Auge wird schauen das Ende – keines
   Sah den Beginn.
   Der Ordnung Gebot
Hat lebenserhaltend das All beseelt;
   Furcht und Not
Zeugen einander; was uns quält,
Wird zum Born, der die Menschheit stählt.

Ewigkeitssamen sind wir, die leben.
   Im Schöpfungstage
Wurzeln unsre Gedanken; sie schweben,
   Antwort wie Frage,
   Saatenvoll,
Über dem ewigen Grunde;
   Frohlocken drum soll,
Wer in einer schwindenden Stunde
Mehrte die Erbschaft der Ewigkeit.

Tauch' in die Wonnen des Lebens, du Blüte
   Im Frühlingsrain;
Genieße, preisend des Ewigen Güte,
Dein kurzes Sein.
   Füg' auch du
Schaffend dein Scherflein hinzu;
   Klein und zag,
Atme, soviel deine Kraft vermag,
Einen Zug in den ewigen Tag!

III

Chor

Wer bist du, von tausend Zeiten und Zungen
Mit tausend Namen genannt?
Du hieltst unsre Sehnsucht mit Armen umschlungen,
Warst Hoffnung den Vätern ins Joch gebannt;
Warst Ängsten des Todes der nachtdunkle Gast,
Warst Lebensfesten der Sonnenglast.
Noch bilden wir alle verschieden dein Bild,
Noch nennen wir jedes Offenbarung,
Und jedem seins für das wahre gilt –
Bis dass es zerbricht in bittrer Erfahrung.

Solo

   Ach, wer du auch seist,
   In mir ist dein Geist;
Meiner Seele ewiger Ruf – das bist du! –
   Nach Licht und nach Recht,
   Nach Sieg im Gefecht
Für den kommenden Tag, das bist du, das bist du! –
   Ein jedes Gebot,
   Das ins Aug' uns loht,
Oder das nie uns bewusst, das bist du! –
   Mein Leben ruht
   In schirmender Hut,
Und es jubelt in mir: das bist du, das bist du!

Chor

Da nimmer wir können dein Wesen erreichen,
Erdachten wir uns Vermittler von dir;
Sie alle ließ ein Jahrtausend erbleichen,
Und wieder stehen wir weglos hier.
Sind krank wir geworden und klammern uns an?
Wo winkt uns ein Trost für den Traum, der zerrann?
Der Ewigkeitshoffnungen leuchtend Verlangen,
Das hoch uns erhob aus des Lebens Jammer,
Soll's weichen in schauderndem Todesbangen,
Sich wandeln zum Wurm in unserer Kammer?

Solo

   Er, der mich durchhaucht,
   Nein, nimmer er braucht
Den Mittler; ich hab' ihn in mir: das bist du!
   Ist mein Ewigkeitsflug
   Sein Wille, und trug
Mich zur Taufe sein Geist – bist es du, bist es du. –
   Werd' ich teilhaft, ich Nichts,
   Des ewigen Lichts?
In Demut mich beug' ich; denn ich weiß, das bist du!
   Still wart' ich und fromm:
   Erwecker, o komm,
Wenn du willst, wie du willst – das bist du, das bist du!

Frage und Antwort

Das Kind

Du, Vater! Ich sah mich im Walde um,
War alles stumm,
Kein einziger Vogel sang ringsum.

Der Vater

Er flog gen Süd übers Meer hinab,
Der Lieder uns gab;
Kann sein, er findet dort sein Grab.

Das Kind

Der Arme; warum denn blieb er nicht?

Der Vater

Er suchte mehr Wärme und mehr Licht.

Das Kind

Du, Vater, ist das auch recht getan?
Er denkt nicht dran,
Dass wir andern hier bleiben und frieren dann.

Der Vater

Ein neuer Frühling will neuen Sang
Aus Herzensdrang;
Den bringt er uns mit, es währt nicht lang.

Das Kind

Aber wenn er stirbt in den kalten Wellen?

Der Vater

So kommen wohl seine Weggesellen.

Wecklied an die norwegische Schützengilde

(1881)

Zu den Fahnen, zu den Fahnen,
Junger Freiheit Chor!
Eure Fahnen, eure Fahnen,
Schützen, hebt empor!
Hinterm Stutzenringe
Unsrer jungen Schar
Soll der Greis im Tinge
Reden fest und klar.
  In dem frischen
  Kugelzischen
Liegt ein muntrer Klang;
  Freiheitskündend,
  Führt er zündend
Uns zum Königsrang.

In die Tingesrunde
Klingt aus Talesgrunde
Hell und freudig »ja« auf »ja«,
Dass aus Stutzenröhren
Wir das Echo hören
Als ein tausendfältiges Hurra.
  Hurra,
Hurra, hurra, hurra, hurra.

Mutter Norge lauscht so heiter
Auf des Widerhalles Töne,
Und durch ihre jungen Söhne
Erbt das Freiheitsgut sich weiter.

Arbeitermarsch

Takt! Takt! Auf Takt habt acht!
Der ist mehr als halbe Macht.
Formt aus vielen, vielen Einen,
Hebt den Mut der bangen Kleinen,
Lässt das Schwerste leicht erscheinen,
Zeigt die Ziele uns, die reinen,
Näher, schärfer ohne Schatten,
Als wir auf dem Korn sie hatten.

Takt! Takt! Auf Takt habt acht!
Das ist mehr als halbe Macht.
Nahn im Takt wir einige hundert,
Ist da keiner, der sich wundert;
Nahn im Takt wir einige tausend,
Wird sein Ohr schon mancher recken;
Nahn im Takt wir hunderttausend, –
Ja, dies Dröhnen wird sie wecken!

Takt! Takt! Auf Takt habt acht!
Der ist mehr als halbe Macht.
Wenn in solchem Takt wir schreiten
Fest von Norges Uferweiten
Bis zum höchsten Katarakte, –
Kommen alle wir im Takte, –
Schwinden Herren, schwinden Knechte,
Helfen jedem wir zum Rechte!

Der Zukunft Land

(Herman und M. Anker zu ihrer silbernen Hochzeit. 15. September 1888, zugeeignet)

Zukunftsland!
Dahin sich all unsre Sehnsucht schwingt, –
All unser Seufzen, das ziellos verklingt,
Formt sich zu Bildern in Wolkenrot
    Jenseits der Not, –
Alles, was aus unserm Glauben sprießt,
    Selig uns grüßt
    Im Zukunftsland.

Zukunftsland!
All unsre Arbeit zu Nutzen und Frommen
Wächst in Geschlechtern, die nach uns kommen.
Sammelt für sie in verjüngendem Drang,
    Was *uns* gelang;
Trägt voller Kraft unser Werk hinein,
    Unfehlbar hinein
    Ins Zukunftsland.

Zukunftsland!
Tränen, vergossen um all das Schlechte,
Blutschweiß vom Kampfe für höhere Rechte
Salben die Kraft, die den Sieg verspricht.
    Uns es zwar bricht,
Schlechtes doch hindert es, Gutes es sät,
    Das aufersteht
    Im Zukunftsland.

Zukunftsland!
Dämmert in Farben und Melodien,
Die uns wie Sonnengold glitzernd umziehen,
Schimmert im Auge des Kindes und weht
    Durch dein Gebet.
Siegen wir – und ist der Sieg gesund,
    Stehn wir zur Stund
    Im Zukunftsland.

Ein junges Völkchen kerngesund

Ein junges Völkchen kerngesund
Wächst überquellend frisch empor
In Spiel und Sang und Blumenflor
Auf unsres Vätererbes Grund;
Es träumt von dem, was schon errungen,
Sehnt sich nach dem, was nicht bezwungen.

Ein junges Völkchen kerngesund,
Des ganzes Volkes Ehrenpreis,
Des Lebensfrühlings Edelreis,
Ein Osterfest auf Vätergrund
Für alle Alter. Neu entfalten
Im Lenz der Jungen sich die Alten.

Ein junges Völkchen kerngesund
Ist unser Können, doppelt stark,
Ist unsrer Hoffnung Lebensmark, –
Aus des Charakters tiefem Grund
Wächst unsrer Väter Geist auf Erden
Empor zu immer höherm Werden.

Norge, Norge

    Norge, Norge,
Blauend empor aus dem graugrünen Meer,
Inseln ringsum gleich Vogeljungen,
Fjorde in Zungen
Dorthin, wo Stille sich breitet umher.
Ströme, Täler;
Felsen begleiten sie; Waldgipfel fern
Ragen dahinter. Wo Tore sie brechen,
Seen und Flächen,
Feiertagsfrieden und Tempel des Herrn.
    Norge, Norge,
Hütten und Häuser und keine Burgen,
    Hart oder weich,
Du bist unser, bist unser Reich,
Du bist der Zukunft Land.

    Norge, Norge,
Schneeschuhlaufes leuchtendes Land,
Teerjackenhafen und Fischgehege,
Des Flößers Wege,
Bergecho der Hirten und Gletscherbrand.
    Äcker, Wiesen,
Runen im Waldboden, Klüfte versprengt,
Städte wie Blumen, Flüsse verschäumend,
Wo sich bäumend
Aufblitzt das Meer, wo der Schwarm sich drängt!
    Norge, Norge,
Hütten und Häuser und keine Burgen,
    Hart oder weich,
Du bist unser, bist unser Reich,
Du bist der Zukunft Land.

Meistern oder gemeistert werden

Dieses Land, das trotzig schaut,
Meerumbrandet, bergumbaut,
Winterkalt und sommerbleich,
Kurzes Lächeln, niemals weich, –
Ist der Riese, der, gemeistert,
Fördern soll, was uns begeistert.
Er soll hämmern, er soll tragen,
Er soll singen, er soll sagen,
Er soll malen Glanz und Gischt: –
Was da donnert, tost und zischt
Zwischen Fjord und Bergeswacht,
Schaff' uns eine Schönheitsmacht.

Im Walde

Der Wald gibt sausenden sachten Bescheid;
Was immer er sah in den einsamen Stunden,
Was immer er litt, als man doch ihn gefunden,
Das klagt er dem Winde; der trägt es weit.

Der siebzehnte Mai

(1883)

Wergelands Denkmal am siebzehnten Mai
Grüßte der Festzug. Und als die letzten,
Männer im Takt,
Frauen mit Blumen in ihrer Mitten,
Schritten die Bauern, die Bauern schritten.

Österdalswaldes mächtiger Häuptling
Trug ihre Fahne. Als wir sie sahen,
Über dem Purpur
Sich ein Gedanke in Tausenden malte:
Das ist die Alte, das ist die Alte!

Noch trug nicht fremden Volks Krone der Löwe,
Danebrog hat noch das Tuch nicht gespalten,
Zukunft erschien mir,
Sah dort um Wergelands Denkmal in Mengen
Bauern sich drängen, Bauern sich drängen.

Von den vergangnen Verlusten das Meiste,
Von dem Errungenen, von dem Ersehnten,
Ja, meist von allem:
Pflichten der Vorzeit, der Zukunft Ehre
Tragen der Bauern, der Bauern Heere.

Bitter sie sühnten, was einst gesündigt.
Doch sie erheben sich. Jüngst erst im Tinge
Kämpften sie mannhaft.
Von Süd, West und Norden, aus Trondhjemer Landen
Alle die Bauern, die Bauern erstanden.

Halten die Beute, da weiter sie wollen;
Ganz sei uns eigen der Freiheitsgedanke!
Alle wir wissen's:
Wenn einstmals Wergelands Sommer entglommen,
Mit ihm die Bauern, die Bauern kommen.

Frederik Hegel

Die Lüfte liebe ich, die kühlen,
   Erhaben rein,
   Im Hoheitsschein,
Die mich wie Freiheitsflut umspülen.

Im Walde mich's am liebsten leidet,
   Wenn Fantasie
   Mit Herbsts Genie
Ihn malt, nicht wenn ihn Grünschmuck kleidet.

Ich kannte einen: seine Reinheit
   War herbstlich mild,
   Sein Ebenbild
War Herbsteshimmels Farbenfeinheit.

Sein Bild ist wie – wenn in frostigem Tanz
   Des Winters Graus
   Umstürmt das Haus, –
Meines Herdes erster erwärmender Glanz.

Und wenn das Sehnen nimmt ein Ende,
   Wenn Sommers Lied
   Nach innen zieht,
Hat Freundschaft Tempelsonnenwende.

Unsere Sprache

(1900)

Nordischer Berge Widerhall,
Wiegengesang am dänischen Sunde,
Feuerglocke bei Fredrikshall,
Lerchenjubel aus Kindermunde, –
    Du Herz der Herzen,
    Mein norwegisch Wort,
    Für Freuden und Schmerzen
    Als Burg uns gebautes,
    Du Gott vertrautes, –
      Wir lieben dich!

Holbergs flüsternder Geisterchor,
Heim den Dichter und morgenwärts ladend,
Schärfend das Schwert ihm, hebend empor
Schätze, in klingendem Lachen sie badend, –
    Du Heim der Bedrohten,
    Mein norwegisch Wort!
    Hier grüßen die Toten
    Die Lebensroten,
    Die Zukunftsboten, –
      Wir lieben dich!

Kierkegaard warst du ein tiefes Meer,
Da er die Segel nach Gott hin spannte.
Wergeland warst du ein Adler hehr,
Der sich vor vielen zur Sonne wandte.
    Du Herz der Herzen,
    Mein norwegisch Wort,
    Für Freuden und Schmerzen
    Als Burg uns gebautes,
    Du Gott vertrautes, –
      Wir lieben dich!

Warst wie ein Maitag voll strahlender Zier
Für den Frühling der Freiheit im Norden.
Durch deine Lieder ist unser Panier
Weit auf Erden Sieger geworden.
    Du Heim der Bedrohten,
    Mein norwegisch Wort!

Hier grüßen die Toten
Die Lebensroten,
Die Zukunftsboten, –
  Wir lieben dich!

Über die Wogen rollst du als Weg
Deinen Blumenteppich, es schreiten
Freunde zu Freunden auf diesem Steg,
Fühlen Himmel und Glaube sich weiten.
  Du Herz der Herzen,
  Mein norwegisch Wort,
  Für Freuden und Schmerzen
  Als Burg uns gebautes,
  Du Gott vertrautes, –
    Wir lieben dich!

Der beste Freund, den ich fand, warst du;
Im Aug' der Mutter harrtest du meiner.
Und wer mich am letzten verlässt, bist du;
Denn du nur sahst mir ins Herz, sonst keiner!
  Du Heim der Bedrohten,
  Mein norwegisch Wort!
  Hier grüßen die Toten
  Die Lebensroten,
  Die Zukunftsboten, –
    Wir lieben dich!

Nils Finn

(Aus dem Drama »Hinke-Hulda«)

Und der kleine Nils Finn wollte flugs über Land;
Doch sein Schneeschuh, der hielt nicht, so oft er ihn band.
– »Das ist schlimm!« sagt' es drunten.

Nils stieß mit dem Fuße: »Wo bist du denn – du?
Verdammter Kobold! nun lass mich in Ruh'!«
– »Hi – ho – ha!« sagt' es drunten.

»Da siehst du ein Hexenstück!« schrie Nils und hob
Seinen Stab und schlug in den Schnee, dass es stob.
– »Hit – li – hu!« sagt' es drunten.

Ein Fuß stak im Schnee; mit kräftigem Zug
Riss Nils daran, bis er hintüber schlug.
– »Zieh doch fest!« sagt' es drunten.

Nils weinte und stampfte und stach und hieb –
Und sank immer tiefer, je toller er's trieb.
– »Das ging gut!« sagt' es drunten.

Und die Birken, die tanzten, es bogen sich krumm
Vor Lachen wohl hundert Tannen ringsum.
– »So bekannt?!« sagt' es drunten.

Und es lachte der Berg, dass der Schnee nur so flog;
Nils ballte die Faust und schwor, dass er log.
– »Nun gib acht!« sagt' es drunten.

Und der Schneehang gähnte, der Himmel fiel ein;
Nils dachte: nun schluckt er mich auch mit hinein.
– »Ist er weg?« sagt' es drunten.

Zwei Schneeschuhe ragten und sahen umher,
Aber sahen nicht viel; denn da war nichts mehr.
– »Wo ist Nils?« sagt' es drunten.

Lied der Jungfrau

(Aus dem Drama »Hinke-Hulda«)

Guten Morgen, Sonne in grünem Laub!
Jugend strahlst du dem Schluchtengrunde,
Lächeln seinem finstern Munde,
Himmelsgold dem Allweltenstaub!

Guten Morgen, Sonne auf ragendem Schloss!
Lockst seine Jungfraun aus den Hallen;
Leuchtsternlein zünde den Herzen allen, –
Kläre das Leid, das der Nacht entspross.

Guten Morgen, Sonne am Felsengrat!
Licht gib den Fluren, soweit sie sich strecken;
Lass deine Wärme sie baden, sich recken
Dem Tage entgegen, der dort naht!

Die Taube

(Aus dem Drama »Hinke-Hulda«)

Eine Taube sah ich zittern
In eines Sturmwirbels Toben;
Sie ward von Ungewittern
Jäh über die Hochflut gehoben.
Ich hörte sie nicht klagen,
Nicht stöhnen und nicht flehen, –
Die Schwingen fühlt' sie versagen,
Da musste sie untergehen.

Vaterlandsweise

(1859)

Es reckt sich ein Land in den ewigen Schnee,
Von Sagen umrauscht wie vom Donner der See.
Wohl trägt es dem Landmann nur kärglichen Lohn,
Doch ist es geliebt, wie die Mutter vom Sohn.

Sie nahm auf den Schoß uns, dieweil wir noch klein,
Und weihte uns fromm in ihr Sagabuch ein.
Wir lasen – . Das Auge ward feucht und groß.
Die Alte saß lächelnd und nickte bloß.

Wir sprangen zum Fjorde, wir schauten gebannt
Den Bautastein, der da seit Urzeiten stand;
Sie stand da, noch älter, und träumte stumm,
Und Steingräber lagen im Kreis ringsum.

Sie nahm bei der Hand uns und führt' uns gemach
Zum Steinkirchlein schlicht unters niedrige Dach,
Wo demütig beugten die Väter ihr Knie,
Und mütterlich sprach sie: tut ihr wie sie!

Sie deckte die bergschroffen Hänge mit Schnee,
Sie krauste mit Sturmfaust den Spiegel der See,
Sie gab ihren Söhnen des Schneeschuhes Hast
Und rief ihre Söhne zu Ruder und Mast.

Sie rief ihre Töchter in Reih' und in Glied
Und hieß sie uns spornen mit Lächeln und Lied.
Sie selber hielt auf dem Sagathron Wacht
In ihrem Mantel aus Nordlichtpracht.

Da scholl ein Vorwärts durch Norwegen hin
In Väterzunge, mit Vätersinn!
Für Freiheit und nordische Art hurra!
Und rings von den Bergen kam's wieder: hurra!

Da ging der Begeistrung Lawine zu Tal,
Da straffte sich jegliche Sehne zu Stahl,
Da stand über Gipfeln ein flammendes Haupt,
Des Blick uns nun ewig die Ruhe raubt.

www.ingramcontent.com/pod-product-compliance
Lightning Source LLC
Chambersburg PA
CBHW052212240426
43670CB00036B/184